人生100年時代の医療・介護サバイバル

親と自分のお金・介護・認知症の不安が消える

中澤まゆみ
ノンフィクションライター

築地書館

はじめに

　それまで考えてもみたことをもなかった「介護」が、ひとまわり年上で、ひとり暮らしの友人が認知症と診断されたことで飛び込んできたのは、私が55歳のときでした。友人、母、父と介護が続く15年で、医療と介護を取り巻く状況は大きく変化しました。「大変な時代になってきたなぁ」というのが実感です。

　変化の背景にあるのは、高齢者人口の増加による「介護保険財源の不足」と、「介護現場の働き手の不足」です。財源不足を補うために、国は介護保険サービスを削減し、利用者が支払う負担を増やし続けています。介護保険サービスが使いにくくなるいっぽう、地域ではボランティア、女性、高齢者が新しい介護人材として期待され、外国人労働者の導入も始まっています。

「人生１００年時代」といわれる長寿時代。病気を予防して「健康寿命」を延ばせば、要介護状態になる高齢者が減り、医療や介護にかかる費用が減ると、国は「予防路線」を大きく打ち出しました。でも、ちょっと待ってよ。「予防」はもちろん大切だけど、寿命が延びれば病気になる人も、介護が必要な人も多くなる。国は「体操」などで外出の機会をつくる「通い」の場を増やし、「予防」につなげようとしていますが、それを介護保険の制度に位置づけるというのは、根本的な議論を遠ざけ、問題を先送りすることではないかと思います。

次の介護保険制度の改正では、この「通い」の場を通じて介護予防を進めるほか、介護保険サービスの自己負担を基本2割負担にするなど、利用者負担を増やすいろんな変化がありそうです。介護の問題も団塊の世代を対象にした「2025年問題」から、現在40代後半の団塊ジュニアが高齢者になる「2040年問題」に移り、いずれは月1万円の介護保険料を20歳から支払う時代がやってくるかもしれません。セーフティネットすら危なくなってきた時代、「長生きしても幸せ」な時代をどうしたら迎えることができるかは、若い世代の問題でもあるのです。

「介護」の問題が自分ごとであることは分かっていても、40代、50代は仕事や子育てに追われる時期。自分にとって都合の悪いリスクはあまり考えないのが人の心理とあって、具体的に「介護」をイメージしないまま暮らしている人は少なくありません。しかし、67歳で認知症と診断された友人の介護をきっかけに私が学んできたのは、医療や介護が必要となる状態は、どんな年代のどんな人にもやってくる可能性があるし、介護の期間は誰にもわからない、ということでした。

医療や介護のユーザーに大切なのは、「制度と正しい情報」を知ることと、それを使いこなすこと、「人のつながり」をもつことだと思います。そして、介護も「初動が大事」。できるだけ早く的確に動くことが、それ以降の介護が楽になるかどうかにもつながってきます。

これから「介護」に出会う人たちにとっては、いままで以上にリスクがいっぱいです。今回、『人生100年時代の医療・介護サバイバル』というタイトルをつけ、そのための情報を満載したのは、リスクの内容と対処の仕方を知り、自分自身と親が「長生きしても幸せ」な人生を送るためにはどうしたらいいのかを、考えていただきたかったからです。

第1章では、まもなく20年になる介護保険の歴史をたどりながら、私たちのケアを取り巻く基盤がどうなってきたのか、そして、どんなふうになっていくのかを俯瞰してみました。第2章では「老後資金2000万円問題」で一躍クローズアップされた「老後のお金」について、医療・介護の視点から見てみました。3章からが本格的な「サバイバル」術です。

今回は、親の介護が始まることが増えてくる40代から読んでいただきたいと思い、記事のフォローができるインターネットのウェブサイトを積極的に入れました。膨大な情報の波に溺れないよう、信用できるサイトを選んでいますので活用ください。情報と制度と人を味方に人生100年時代を乗り切り、医療と介護を含めた社会保障を次の世代につなげていくことを考えるきっかけに、本書を活用してくださると幸いです。

人生100年時代の医療・介護サバイバル　目次

第2章 介護のお金が足りない

第3章 制度を利用してケアのお金を賢く減らす

第4章 地域のケア資源を見つける

第6章 あなたと家族が認知症になったとき

第1章
介護保険の行方

介護する子どもを含めた「老々介護」の時代

平成の30年が終わり、令和の時代が始まりました。30年前の1989年、40歳だった私はいまや70歳。95歳難聴フレイル独居要介護1の父親の「しまい方」と向き合っています。

厚生労働省が毎年行っている「国民生活基礎調査」（平成29年版）では「老々介護」は子どもが介護しているものも含めると54・7％で、75歳以上の組み合わせが30・3％。まさにわが家は高齢者となった娘が、超高齢者の親を介護するトレンディな「老々介護世帯」です。

平成の時代が始まって12年目の2000年4月に、それまで家庭内で家族が担ってきた高齢者の介護が、社会全体で支える「介護の社会化」を掲げ、介護保険制度になりました。行政の権限で決められた「措置」による福祉サービスを受けるしかなかった日本の高齢者が、自分自身でサービスを選べるようになったのです。

モデルとなったのは、ドイツの介護保険制度。当時は介護のことなどはるか彼方のことでしたが、「介護の社会化」という言葉が、とても新鮮でした。

介護保険が始まった背景には、少子高齢社会の本格的な始まりがあります。高齢者の寿命が延びたことで介護を必要とする人が急速に増え、介護の状態が重度化、長期化して医療費を圧迫。さらに核家族化が進み、介護する家族も高齢化するなど、介護を必要とする高齢者を支えてきた家族をめぐる状況も変化してきました。

このため、介護の負担を個人や家族で抱え込むのではなく、税金と保険料という国民の負担で、専門職による介護サービスを確保していこうという、社会保障制度としての介護保険制度がスタートしたのです。しかし、この19年のあいだに、介護保険制度は大きく変わってきました。

認知症になった12歳年上の友人の介護が突然飛び込んできたことで、私自身が介護者の仲間入りをしたのは、介護保険法が１回目の見直しをする１年前の２００４年のこと。以来、15年間、介護者・介護家族として介護保険制度の変化と向き合ってきました。自宅で８年間暮らした友人が、認知症グループホームに転居して２年目の２０１４年には、母が89歳で認知症になり、４年間の遠距離介護が始まりました。そして、２０１７年の夏、母を実家で看取ったあとは、当時93歳の父親が、おひとりさまとして残されました。

「要支援１」から介護保険の利用が始まった父は、１年目の要介護度再認定で「要支援２」、２年目で「要介護１」に。認知症状はまだはっきり出ていませんが、もの忘れは確実に進んでいます。介護保険サービスの利用が１割負担の友人や亡くなった母とは異なり、父の利用者負担は２割。介護費はすでにどんどん増えています。自宅で看取るにしても施設に入居するにしても、年金や預貯金を考慮しながら父のケアを考えていかなければなりません。

１００歳以上の高齢者はそろそろ７万人を超えそうです。最高齢には１１６歳もいる。果たして、父は年金だけで介護費をまかなっていけるのか……。いやいや、それよりも、高齢娘の体力がもつだろうか？　思い悩む日々が続いています。

増える介護と医療の自己負担

地方都市に住む曜子さん（54歳・仮名　以下名前だけの場合は同様）は、両親の介護にかかる費用がこれからどれだけ増えていくのか、不安でいっぱいです。父の修さん（82歳）は認知症で、5年前から特別養護老人ホーム（特養）のユニット型個室に入っていますが、それに加え、いままで何とか元気を保っていた母の郁子さん（81歳）の介護が始まったからです。

介護のお金の問題は、ヒタヒタと忍び寄っていました。まず、特養に入居中の修さんの介護保険の「利用者自己負担割合」が1割から2割になったことで、それまで月11万6000円だった特養の料金（賃料＋食費＋介護保険負担額）が3万円ほど上昇しました。法律が変わり2割負担が登場したとき、中小企業に勤めていた修さんと、ずっと専業主婦の郁子さんの年金は合わせて年352万円でしたが、夫婦世帯の場合は年346万円が2割負担の線引きの基準とあって、ギリギリでそこに引っかかってしまったのです。

介護保険の負担分が2割となった要介護4の修さんの特養費用は、月14万2000円に急上昇。加えて施設にはさまざまな「加算」というものがあります。それも法律が変わるたびに少しずつ増えてきて、通院などの医療費、理髪店の利用、日用品、レクリエーションの費用などを加えると、17万円近くが毎月出ていくことになりました。

おまけに父親の修さんの特養入居前、転倒をきっかけに不自由になった母親の郁子さんの足の状態が悪化し、杖をつかないと歩くのが困難になってきました。認知症状も出てきたので要介護認定申請をしたところ、「要介護１」の判定。ひとり暮らしの郁子さんは、先月からヘルパーによる訪問介護とデイサービスで、介護保険サービスを使い始めました。郁子さんは年金が少なく、年所得が１６０万円以下なので介護保険の負担は１割。それでも月約１万円かかります。

２人の年金を合わせると月29万円程度はありますが、修さんと郁子さんの介護・医療費で20万円近くが毎月必要で、郁子さんの生活費と保険料、税金を合わせると残りの９万円では足りず、現在も貯金を少しずつ切り崩している状態です。２人はまだ80代前半とあって、これから介護がどれだけ続くかわかりません。しかも、修さんと郁子さんのような状態では、要介護度は上がることはあっても下がることはなく、上がればケアにかかる費用は増えていきます。

両親の口癖は「子どもの世話にはなりたくない」でした。しかし、兄は遠方で暮らすので、親に異変が起こったり介護が必要になったりすると、そのたびにパートの仕事を休み、車を２時間飛ばして駆けつけるのは、実家に近い娘の曜子さんです。母親に歩行困難に加え認知症の症状が出てから、苦手になった庭の掃除やゴミ捨てなど、介護保険ではできないことや、買い物、通院介助をするために曜子さんが実家に通うことも多くなりました。

いまは「要介護１」の郁子さんですが、ケアマネジャーによると、これから「要介護２」までは介護保険から外れ、自治体独自の「総合事業」に組み込まれそうだとか。そうなると、掃除や食事づくりのような家事援助（生活支援）はプロのヘルパーではなく、自治体資格の有償ボランティアになるかもしれないし、公的なサービスではできないことが増えるので、有料のサービスを使うか、ボランティアに頼ることが多くなるかもしれません。

医療保険・介護保険料は上がるし、年金は下がる。医療や介護は制度が複雑になって、ますますわからなくなった……。親の介護ばかりではなく、自分たちの介護はどうなるのだろうと、曜子さんの不安は募るばかり。「介護保険って、家族の負担を軽くするために始まったんじゃなかったっけ」と、ため息をつく毎日です。

介護保険開始から、この19年の変化

2000年に始まった介護保険制度。この19年間でケアを取り巻く状況は大きく変化しました。まず高齢者人口が増加しました。2000年に2193万人（総人口に占める65歳以上の割合である高齢化率17・2％）だった高齢者の数は、2018年には3557万人（高齢化率28・1％）となり、3人に1人が高齢者の時代が目前に迫ってきました。逆に子どもの数は減り、2000年には約119万人だった新生児数は、2018年には92万1000人。出生数が死亡数を下回る「自然減」は、44万8000人と過去最大の減少幅となっています。

高齢者が増えたことで、社会保障費（年金・医療保険・介護保険給付に使われるお金）も増大しました。2000年に78兆1200億円だった社会保障費は、2017年には120兆400

０億円。要介護・要支援の認定者の数も増え、２０００年には２１８万人だったのが、２０１８年には６４９万人と2・9倍になりました。それにともない介護給付費も２０００年の３・６兆円から、２０１８年には10兆円を超えています。

いっぽう、国民負担も増加しました。たとえば介護保険料の平均を見ると２０００年には月額２９１１円だったのが、２０１８年には月額５８６９円。全国の最高額は９８００円でしたが、財務省は将来的には月額平均が９２００円になると推計しています。年々値上がりしている国民健康保険料も、これからますます上昇しそうです。

介護保険サービスも、利用者全員が１割負担だった時代は２０１４年の介護保険改定で終わり、２割負担（単身で２８０万円以上、２人以上の世帯で３４６万円以上）の人が全体の２割程度を占めるようになりました。それに加え、２０１８年10月からは３割負担（単身者で３４０万円以上、２人以上世帯で４６３万円以上）も始まりました。

高齢者の増加にともない、老々夫婦とおひとりさまの世帯も増えています。老々夫婦世帯は２００１年には27・８％だったのが２０１７年には32・５％。子どもが介護しているケースも含めると、介護世帯の６割近くが「老々介護」です。

また、２０００年には17・９％だった高齢者独居世帯は、２０１７年には26・４％へと急上昇。２０３５年には全国でも４割近く、東京近郊県では高齢者の44％がひとり暮らしになると推計され、文字通り「おひとりさま」の時代が迫っています。

年金の少ない高齢おひとりさまの増加は、「貧困高齢者」の増加にもつながります。日本の「貧困ライン」は年収122万〜123万円とされていますが、全世代では7人に1人がその貧困ライン以下。年収300万円以下の人は3割を超えています。

高齢者では4世帯に1世帯がその貧困ラインに引っかかり、おひとりさま男性の約4割、おひとりさま女性の6割が貧困ライン以下です。「団塊ジュニア」が年金生活に入る2040年には、「貧困高齢者世帯」は、500万世帯を超えると予想されています。

ここまで変わった介護保険

2000年に介護保険が始まった当初、よく耳にしたのは「介護の社会化」と「走りながら考える」というフレーズでした。覚えていらっしゃる方もいるかもしれません。

介護保険が始まる前の高齢者の介護は、自治体が対象になる人と受けられる介護の内容を決める「措置」という制度で行われ、費用は税金でまかなわれていました。対象となったのはおもに低所得の人で、現在のように利用者が自分の使いたい「サービス」を、自分で選ぶことはできませんでした。

けれども、「行政が決める」措置制度から、「自分で決める」介護保険制度に変わったことで、介護を必要とする人は要介護認定を受け、サービスの「自己決定、自己選択」ができるようになりました。利用者がケアマネジャーと一緒に「ケアプラン」をつくり、民間会社やＮＰＯを含む介護事業所と契約を結んでサービスを受けることができるようになったことで、それまで福祉法人のような公的な機関が一手に引き受けていた介護に、「自由競争」の原理が入ってきたのです。

消えていく「介護の社会化」

介護保険の財源は、40歳以上の人が払う「保険料」が半分、「税金」（国・都道府県・市区町村）が半分で、保険料は基本的には40歳以上のすべての人が払うことになっています。介護保険サービスを利用する人は「所得に関係なく」、受けたサービス料金の１〜３割を自己負担として払い、残りは介護保険料と税金から払われます。

「自己決定、自己選択」「契約」「自由競争の導入」「１割負担」を約束して始まった介護保険は、２００５年、２００８年、２０１１年、２０１４年、２０１７年と、３年ごとに「改正」が行われました。そのなかで、サービスには次々と制限が設けられ、介護保険料も改正のたびに値上がりしてきました。

ちなみに、これらは制度の見直し内容が国会で可決された年で、実際に介護報酬が決められ施行されるのは翌年です。

《介護保険の財源》

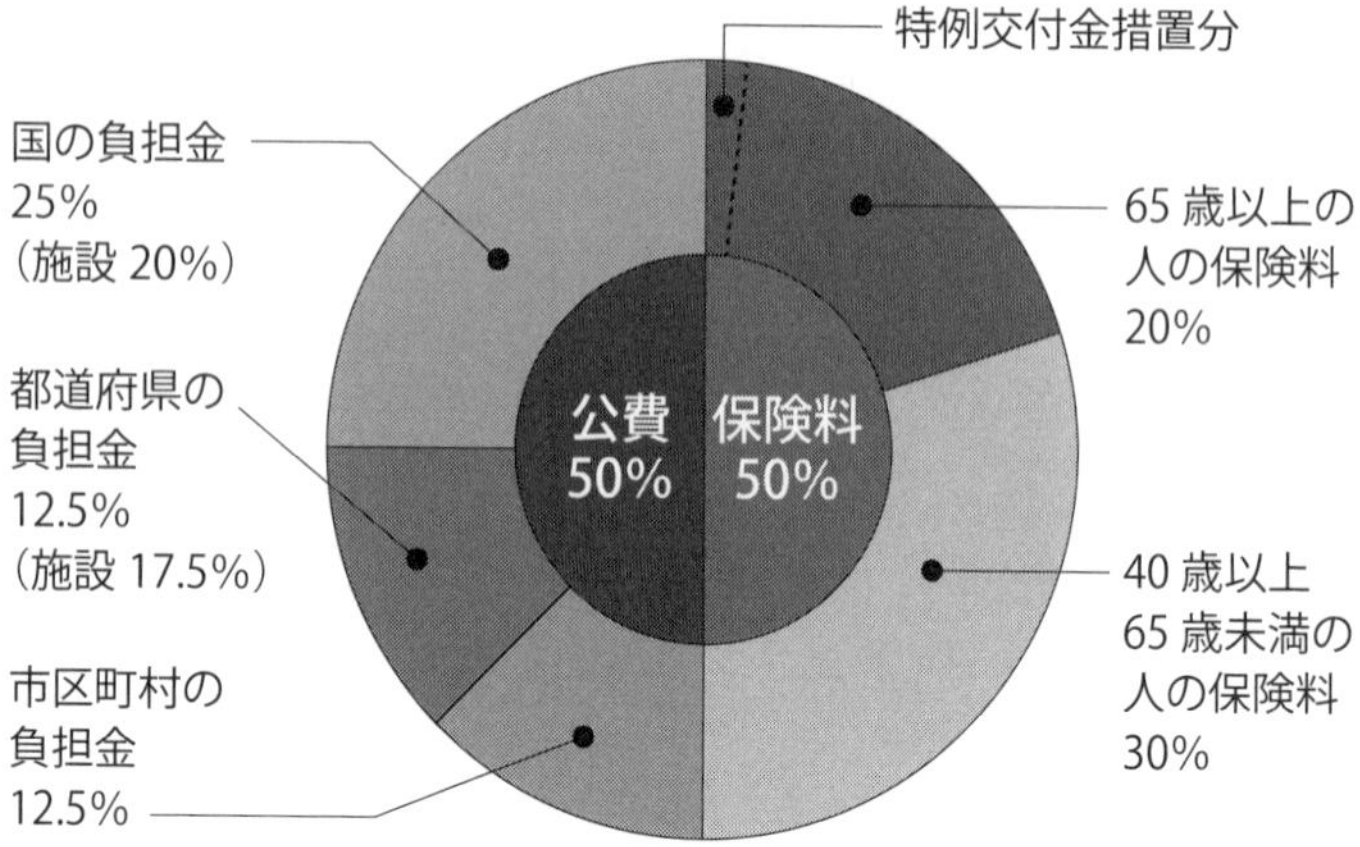

介護報酬というのは、事業者が利用者に介護サービスを提供した場合に、国から支払われるお金のこと。そして、この報酬（基本報酬）には「加算」という報奨金が加わります。これは「この方向に沿ってちゃんとやれば、国がプラスで報酬をつけますよ」というお金ですが、利用者にとっては加算が増えれば利用料も増えることになります。

話を戻すと、２００５年の「改正」が実施されるのは、それぞれのサービスに対する報酬が決まった２００６年４月から。というわけで、「改正」と「実施」には1年間のタイムラグがあるのです。

「保険料を納めた人には平等に給付を行うのが、保険制度の大前提。それが２０１４年改正や給付抑制路線の提案から、この前提が徐々に崩れつつあることを危惧している」と発言してきたのは、介護保険の「生みの親」のひとりで、厚労省老人保健福祉局（老健局）の初代局長となった堤修三さんです。

医療保険では、生まれてから死ぬまで保険料を払い、病気になる→治る→また病気になるという過程を繰り返しながらサービスを受けます。それと異なり、40歳から保険料を支払う介護保険では、認知症、難病、慢性疾患、老衰など、原因や過程を特定できない病気や障害を対象にしています。しかも年齢の若い元気な人には「掛け捨て」感が非常に大きい保険です。

それにもかかわらず、私たちが「高い」と感じながらも保険料を払い続けるのは、将来、介護が必要になったとき「サービスを受けられる」という期待があるからです。国が払うお金を抑制しようとして、サービスの内容や対象者の範囲を狭めていくいまの方向は、「国家的詐欺だと言われても仕方ない」と、堤さんは指摘します。

国はお金がないと言います。借金漬けなのに高齢者が増えるので、医療や介護に使われるお金（給付）を削減し、私たちに負担してほしいと言い続けています。国の予算の立て方については、その使い道などツッコミを入れたい部分がたくさんありますが、お金がないという現実には私たちも目を向けざるを得ません。

しかし、そうしたなかで走れば走るほど、もともと大きな課題をかかえたまま、見切り発車的にスタートした介護保険制度は複雑化して利用しにくくなり、「介護の社会化」から遠のいていく感があります。介護保険はどうして、こんなに複雑に変わってきてしまったのでしょうか。

介護保険制度の変化は、高齢者人口の増加による介護保険財源の不足と、それを補うための利

《介護保険の仕組み》

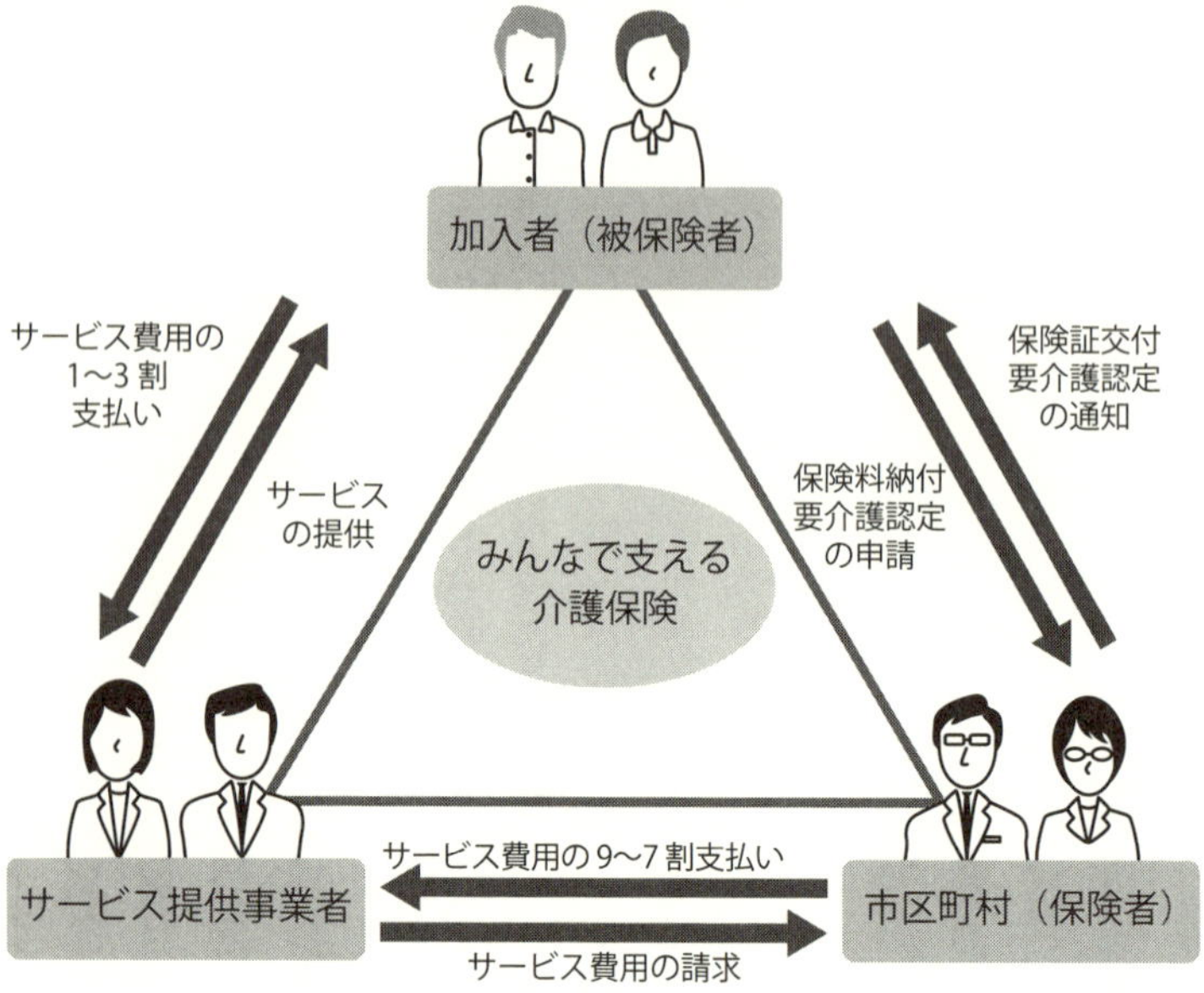

用者の負担増、介護保険サービスの低下との、せめぎあいの結果だともいえます。その見直しの歴史を振り返りながら、介護保険を利用する側である私たちも、費用の負担増をはじめとする社会保障のあり方を考えてみたいと思います。話が少し難しくなりますが、しばしのあいだ、おつきあいください。

介護から介護予防へ（2005年改正）

1回目の見直しで問題になったのは、介護保険開始後の5年間で介護保険サービスの利用者が2倍以上に増えたことでした。高齢者の医療費や病院への「社会的入院」（介護者がいないため病院で生活する状態）の増大も加わり、当初の予想以上に財政面の厳しさが見えてきました。

そこで厚労省は、２０１５年までの10年間に40万人の高齢者を介護予防で健康にし、「在宅介護」を充実して「社会的入院」をなくすことで、医療・介護保険サービスの利用者を抑制しようと考えました。

その結果、２００５年の見直しでは、「介護予防型システムへの転換」と市区町村による「地域密着型サービス」の創設、「施設給付の見直し」が大きなポイントとなりました。国から市区町村に権限を委譲して自治体独自の事業を増やし、「予防」で住民を健康にして社会保障費を減らすという方向は、ここからゆるやかに始まったともいえるでしょう。

「介護予防型システムへの転換」では、医療・介護費を抑制するために、体操や筋力トレーニングなどを住民に勧める「介護予防サービス」が導入されました。そして、要介護認定で約３割を占めている「要介護１」の一部を「要支援２」に下げ、それまで「要支援１～要介護５」の６段階だった介護サービスを７段階にして軽度者の対象を広げ、同時に「要支援１・２」が使える介護料限度額を下げました。介護保険を「中・重度」中心にしていく布石もここで打たれています。

これに加え、全国一律の介護保険サービスのほかに、その市区町村の住民だけが使える「地域密着型サービス」が新設されました。介護保険のサービスには自宅にヘルパーなどが訪問する「居宅介護」と、デイサービスなどに通う「通所介護」がありますが、それとは別に各市区町村がその地域の実情に合わせてつくる、認知症グループホーム、小規模多機能型ホーム、ショートステイなど6つのサービスが始まりました。

地域全体で高齢者の支援を行う「地域包括ケア」の考え方に基づき、地域の相談窓口となる「地域包括支援センター」も創設されました。２０１１年改正では、この「地域包括ケアシステム」をより推進するための見直しが行われていくことになります。

地域包括ケアシステムの始まり（２０１１年改正）

次の大きな転換は、介護保険が始まって10年が過ぎた２０１１年に行われた3回目の見直しでした。この間に介護保険サービスの利用者数は約3倍になり、重度の要介護者や医療ニーズの高い高齢者も増えました。さらに家族に介護者のいないひとり暮らしの高齢者や、介護力の弱い高齢者のみ世帯の増加への対応と、それを支える介護人材の確保が大きな課題となってきました。

そこで、高齢者が地域で自立した生活を営むことができるようにと、団塊の世代が75歳以上になる２０２５年に向けて、医療、介護、予防、住まい、生活支援サービスを切れ目なく提供する「地域包括ケアシステム」について「自治体が推進の義務を担う」と条文に明記され、２０１１年改正では、以下が法律に盛り込まれました。
▽医療と介護の連携の強化として重度者やひとり暮らしの要介護者に対応するための定期巡回・随時対応型訪問介護看護と看護小規模多機能型居宅介護を創設
▽「介護予防・日常生活支援総合事業（総合事業）」の創設

▽介護人材の確保とサービスの質の向上（介護職員による痰《たん》の吸引などの実施、介護サービス事業所での労働法規の遵守の徹底など）
▽高齢者の住まいの整備（サービス付き高齢者向け住宅〈サ高住〉の供給の促進。有料老人ホームなどの前払い金の返還に関する利用者保護）、認知症対策の推進（市民後見人の育成と活用、市町村での高齢者の権利擁護の推進、地域の実情に応じた認知症支援策）など

民主党政権下で行われたこの見直しでは、「地域包括ケアシステム」の推進を図るため、重度者やひとり暮らし要介護者を支援する新しいサービスの創設がポイントとなり、次期改正で自治体独自の事業としてスタートする「総合事業」も創設されています。

給付抑制のスタート（２０１４年改正）

２０１２年12月の総選挙で民主党が敗退し、２００９年から3年3か月続いた民主党政権が自民党へと移りました。これ以後、介護保険制度は「給付抑制」（＝利用者にとってはサービスの低下と負担増）への方向を一気に強めていきます。

安倍晋三内閣での最初の改定となった２０１４年の見直しでは、２０２５年に向けて示された「地域包括ケアシステムの構築」と介護サービスの「効率化、重点化、費用負担の公平化」がさらに推進されることになりました。「財務省主導の国家戦略」の始まりです。

２０１４年改正の大きなポイントは5つありますが、注目したいのが次の3点です。

▽軽度者（要支援1・2）を介護保険から切り離し、市区町村による「総合事業」（介護予防・日常生活支援総合事業）に移行する
▽一定以上の所得のある人の自己負担が1割から2割へ
▽特養の入居基準が「原則要介護3以上」に

介護保険では、サービスの種類や内容、人員基準・運営基準、介護報酬（単価）などが基本的に全国一律となっています。そのうち軽度者とされる「要支援1・2」の人向けのサービスの一部（訪問介護と通所介護）を市区町村の事業に移し、市区町村が地域の実情に応じて、住民主体の取り組みを含めた「多様な主体」によってサービスを提供できるようにする、というのが「総合事業」の目的です。

そこには介護保険サービスにかかる費用を少しでも安くし、住民を担い手にして介護人材を増やしたいという国の期待があります。高齢者が増え続けることで、社会保障費が増大し、国の借金が増え続けるなかで、国債や借入金を合わせると、約1050兆円という世界最大の借金を抱えることになり、「経費削減」が国の最大課題のひとつとなってきたからです。

2014年の改正では前出の「総合事業」の実施に加え、65歳以上で収入から控除などを除いた合計所得が単身世帯で280万円、2人以上の世帯で346万円以上の場合は、利用負担が原則2割に。それまで「要介護1以上」とされた、特養の入居条件が「原則要介護3以上」となりました。さらに、2005年改正で利用者の「収入」に合わせて払うことになった非課税世帯へ

の「減免措置」（食費・居住費の割引）を、「預貯金を含めた金融資産」に広げ、単身世帯で１０００万円以上、２人以上世帯で２０００万円以上の金融資産がある場合は、非課税世帯でも減免措置の対象から外れることになりました。

そして、従来は年金の少ない妻が年金の多い夫と「世帯分離」（１２５ページ参照）して特養に入居すると、住民税非課税世帯となり、居住費と食費が安くなりましたが、新しい制度では２人の年金と貯金が合算されるので、減免措置から外れる人が続出することになりました。

特養では、「ユニット型」という、個室・少人数ケアの部屋が増えています。従来の個室にくらべてこのユニット型は高めで、１か月13万円、14万円という料金は珍しくありません。１割負担ですらこのお値段なのですから、２割負担で減免措置から外れた人のなかには、有料老人ホームと変わらない料金を払わなければならない人も出てきます。

全国に47支部をもつ「認知症の人と家族の会」では、「２０１５年の介護保険制度改定の撤回を求める要望書」を厚生労働大臣宛てに提出しましたが、会のホームページで２割負担になった利用者と家族の悲痛な声を聞くことができます。その一部を紹介しましょう。

▽月７万円の負担増。１か月18万円になり、年金だけでは生活できないためパートに出ている。来年から非課税の障害年金も収入に認定されると聞いて不安（60代女性。要介護５の夫が特養入居中）

▽月７・４万円の負担増、これまでの倍になった。赤字分は預金を取り崩している。自分も高齢

なので、この先が不安（70代男性。要介護5の妻が特養入居中）
▽預金が1000万円以上あるため、入居費用がこれまでの2倍に。あと10年しか持たない。年寄りは10年生きればいいとでもいうのか。これでは高齢者も家族も安心して暮らせない。制度を元に戻してほしい（60代女性。要介護3の親が特養入居中）

●認知症の人と家族の会「2015年の介護保険制度改定の撤回を求める要望書」
http://www.alzheimer.or.jp/wp-content/uploads/2016/06/2015kaiteihenokoe.pdf

一億総活躍プランと「地域共生社会」

医療・介護保険などの見直しの審議には、閣議決定したプランや、政府が設置したさまざまな会議での意見が加わります。4回目の介護保険法改正が実施された2015年10月に、第3次安倍改造内閣が発足しました。そこで「アベノミクスの第2ステージ（新・3本の矢）」として位置づけられ、次の3年間の目玉プランとして2016年6月に閣議決定されたのが「ニッポン一億総活躍プラン」でした。

ここでは、「女性も男性も、お年寄りも若者も、一度失敗を経験した方も、障害や難病のある方も、家庭で、職場で、地域で、あらゆる場で、誰もが活躍できる、いわば全員参加型の一億総活躍社会を実現」するといっています。政府は、少子高齢化で働き手が少なくなり、将来の日本の経済が厳しくなることを見据えた「新しい社会経済システムを創るための究極の成長戦略」として、このプランをぶち上げました。

このプランで強調されているのが「働き方改革」で、非正規雇用者の「同一労働同一賃金の実現」、出産・育児で退職する女性の子育て支援を含めた「仕事と子育ての両立」とキャリア形成、「介護離職ゼロ」に向けた支援、65歳以降の継続雇用など高齢者の就労促進などを掲げました。

これらの課題に政府が真剣に取り組むのなら、もろ手を挙げて賛成したいところですが、国民はそれを真に受けてはいません。それが如実にあらわれたのが、「保育園落ちた、日本死ね！」という子育て主婦の怒りの声への反響でした。

さらに、働く側から大きな反発を受けたのが、財界の強い要望で盛り込まれた「裁量労働制の拡大」です。これが認められると、社員がどれだけ働いても会社は残業代を払わなくてもよくなり、「長時間労働を助長する」「過労死が増える」という懸念が出てきます。

この「裁量労働制の拡大」は、のちに労働時間のデータの捏造《ねつぞう》だと追及を受けたことで、法案から削除されました。「介護離職ゼロ」では一定の成果を上げているようですが、それでも「誰のための働き方改革か」という疑問や違和感はぬぐえません。

「働き方改革」は誰のため？

「働き方改革」は、そもそも少子高齢化による労働人口の減少という問題を解決するための「経済政策」として出てきました。減少する労働人口を補うために「女性も男性も、お年寄りも若者も……」労働力となって働き、税金や医療・介護の保険料を払う人になってもらおう、という政府の目的が透けて見える〝改革〟です。

ここには65歳以降の継続雇用の促進と同時に、高齢者の年金の繰り下げ受給の年齢を「71歳以上」にすることも盛り込まれています。年金の受給開始年齢を65歳以上に遅らせると、受給額の割増を受けることができますが、現状では繰り下げができるのは70歳まで。プランではこれを「71歳以上」にして、高齢者が「年金をもらう側」ではなく、働いて年金などの社会保障費を「支払う側」になることを求めています。

高齢者の多くは「働けるうちは働きたい」と考えています。内閣府が2016年に実施した調査では、60歳以上の高齢者の7割が「働きたい」と答えていました。しかし、そのなかには少ない年金を補うために、非正規雇用者として3K職場で働かざるを得ない人も少なからずいます。安倍政権下の6年間で就業者は384万人増えたとされていますが、その約7割の266万人は65歳以上というデータもありました。

「新・3本の矢」の「『介護離職ゼロ』に直結する緊急対策」では、「生きがいを持って社会参加したい高齢者のために」として、「多様な就労機会の確保・経済的自立に向けた支援・雇用保険の適用年齢の見直しを検討・生涯活躍のまち」をつくるとしています。

それとセットで打ち出されているのが、「元気で豊かな老後を送れる健康寿命の延伸に向けた機能強化」です。高齢者が「リハビリや運動で元気になり、できるだけ長く働いて税金や医療・介護の保険料を払い、地域で支え合いをする」ことが求められる時代。しかし、それができる人も、できない人もいるのが現実です。健康になれないこと、働けないことを個人の「自己責任」とする風潮も、このころから目立ってきました。

「我が事・丸ごと」地域共生社会とは？

安倍内閣の「新・３本の矢」を推進するための「骨太の方針２０１６」と「ニッポン一億総活躍プラン」の提言を受け、２０１６年7月に塩崎恭久厚生労働大臣（当時）をトップに設置されたのが「『我が事・丸ごと』地域共生社会実現本部（我が事・丸ごと）」です。

ここでは少子高齢化と社会保障費の限界を前提に、福祉も従来のように「支える側」と「受ける側」に分けるのではなく、「地域のあらゆる住民が役割を持ち、支え合いながら、自分らしく活躍」できる「地域共生社会」を実現する必要があるとし、「他人事」になりがちな地域づくりを、地域住民が「我が事」として主体的に取り組む仕組みをつくる、としています。

そして、そのロードマップでは、地域住民による支え合い（互助）を「我が事」として、公的支援では対応できない人や、公的制度から外れる人たちの支援を、地域住民やボランティアにゆだねようという方向性が大きく示されています。

確かに公的支援の少なくなるこれからの時代には、住民同士の助け合いはますます重要になってきます。「助け合い・支え合い」は必要ですし、「まちづくり・地域づくり」にはそれに取り組む住民の存在が重要です。しかし、違和感があるのは、そこに「我が事」という言葉を持ち込むことで「互助」を制度として位置づけ、「自助・互助・共助・公助」の四段論法を固定化してしまうことです。私たち市民・住民が「やっぱり、自分ごととして考えないとね」と言うのと、政府が押しつけるのとでは意味が違います。

いっぽう「丸ごと」では、「子ども・障害者・高齢者」と縦割りになっている福祉の制度を規制緩和で組み合わせ、高齢者と障害児者を一緒にした「共生型サービス」をつくり、地域の生活課題に住民を巻き込んでいくとしています。

制度の縦割りの弊害をなくすという意味での「丸ごと」という言葉には、まったく異論はありません。医療と介護の縦割り、「子ども・障害者・高齢者」の役所の窓口の縦割りなどが、制度の狭間に落ちるたくさんの人をつくってきたからです。

障害者の介護には「65歳の壁」と呼ばれる問題があります。障害者が65歳になると障害者総合支援法による手厚いサービスを外れ、介護保険を優先するとした原則に阻まれるという問題です。しかし、この「共生型サービス」の導入で、都道府県の指定を受けた福祉・介護事業所が手がけるのであれば、障害者は従来と同じサービスが受けられることになりました。日常的な介護・介助を必要とする障害者にとっては、介護保険のサービスでは間に合わない人もいるため、この点は期待されているところです。

ただ、高齢者介護や障害者福祉の現場で働く人の声を聞いてみると、まぜこぜになることでケアが進化&深化することよりも、少ない人数で複合的なニーズに対応する効率目的の、安上がりな方法として国は考えているのではないか、という懸念のほうが大きいのも事実です。介護の側からは「障害者のケアは高齢者よりも難しい」という戸惑いが、障害者福祉の側からは「障害者が現状で受けているサービスが後退するのではないか」という不安の声があります。

そして、この「『我が事・丸ごと』地域共生社会」を実現するために、「地域包括ケアシステムの強化のための介護保険法等の一部を改正する法律案」（通称「地域包括ケアシステム強化法案」）が、2017年2月に異例の早さで閣議決定されました。2017年改正には、この「地域包括ケアシステム強化法案」が大きくかかわっています。

介護サービスの「3割負担」が始まった（2017年改正）

2017年改正では、次の4つが大きなポイントとなりました。

(1)介護サービスの自己負担3割化
(2)病床削減の受け皿として介護医療院を創設
(3)共生型サービスの創設
(4)保険者機能の強化

(1)では、単身で年収が340万円以上、2人以上の世帯で463万円以上（現役並み）の人の介護サービスの自己負担が3割となりました。約3％の人がその対象です。

⑵は従来の医療療養病床と介護療養病床を削減・廃止し、要介護者の長期療養・生活施設の性格をもった新しい介護保険施設「介護医療院」に移そう、というものです。

⑶の「共生型サービスの創設」では、これまで介護保険法（高齢者）、障害者総合支援法（障害者）、児童福祉法（障害児）で分かれていた3サービスを統合し、「共生型サービス」として指定を受けた事業所は、1か所で複数のサービスを提供できるようになりました。訪問介護、デイサービス、ショートステイがその対象サービスになっています。

障害者には先天的な重い障害をもつ人や、収入がない人が多いのが特徴です。そのため障害福祉サービスでは、所得や資産などに応じた「応能負担」が取り入れられ、所得の少ない住民税「非課税世帯」は負担ゼロでサービスを受けられることになっています。障害者手帳を持っている人と、前年の年収125万円以下の人はその対象となるため、障害者ではこの「非課税世帯」の数が必然的に多くなります。

介護保険サービスは、2～3割負担の人が出てきたことで「おおむね応能負担」と言われるように変わってきましたが、基本的には受けたサービスに応じて対価を支払う「応益負担」です。40歳になると介護保険に加入して保険料を払い、サービスを利用するときには一律割合の自己負担が求められます。

福祉と保険の違いは、「福祉」の財源は税金、「保険」の財源は保険料だということです。福祉とされている障害者福祉サービスは、税金を払っていない人も受けることができますが、介護保険や健康保険では、保険料を払っていない人は全額を自分で支払わなければ医療や介護を受けることができません。

高齢者と障害者を同じ制度で行う「統合」は、実は介護保険が始まる前から議論されていました。しかし、障害者が介護保険に組み入れられると、働けない人でも保険料を払わないとサービスが受けられなくなります。介護保険サービスは障害者にとっては不利益が多いため、障害者団体は統合にずっと反対してきました。

しかし、新しい「共生型サービス」を使えば、無理やり統合しなくても、同じようなサービスについては一体的に提供できます。その流れのなかで介護保険と障害者福祉サービスの互換性を拡大していけば、効率的で安上がりのサービスもつくれます。とはいえ、国にとっては財政抑制になっても、利用者の自己負担は増え、介護の現場は疲弊し、事業者の報酬は少なくなると危惧する人たちもいます。実際、介護の現場で働く人が年々少なくなり、小規模な事業者の倒産や廃業が増えていることで、介護業界は大きな危機感をもっています。

国はこの「共生型サービス」の導入を契機に、将来的には障害者福祉サービスと介護保険サービスを統合しようと考えています。それは高齢者の医療保険と介護保険を一体化しようという考えや、介護保険料の徴収年齢をいまの40歳から20歳に引き下げたい、という考えともリンクしています。今回の共生型サービスの創設がその布石になる、と考える人は少なくありません。医療を含めて効率化を図り、抑制できる費用はぎりぎりまで削っていこうという国の方向は、これからますます進んでいきます。

さらに、(4)として、「保険者」である市区町村の機能を強化し、後述する「自立支援介護」で「重度防止」に効果を上げた自治体には、国が税金200億円を使って報奨金を出すという「介護費抑制のインセンティブ」が持ち込まれました。

「評価指標」を導入し、市区町村を目標数値に向かって競わせることを法律で決めたことで、体操やリハビリをしても要介護度が改善しない人は「脱落者」として、支援から置き去りにされてしまう可能性も出てきました。

介護費抑制のインセンティブとは?

介護給付費を抑えるための方法として、自治体に対する「介護費抑制のインセンティブ(報奨金)」が取り上げられたのは、2016年4月の経済財政諮問委員会(議長・安倍首相)で、当時の塩崎厚労相が要介護認定率を引き下げた埼玉県和光市と大分県の例を挙げ、「介護予防などの好事例を全国に広めていかないといけない」と説明したのがきっかけです。

同年6月に閣議決定された「骨太の方針2016」では、こうした自治体の〝好事例〟を全国に広め、介護費を抑制するためのインセンティブ設計を、年末までに考えるとしました。

いっぽう、「未来投資に向けた官民対話を発展的に統合した成長戦略の司令塔」として201

6年9月に設置された「未来投資会議」では、「要介護になった人を、もう一度自立状態に引き戻す」ことを目的とした「自立支援介護」が取り上げられました。この会議の事務局は内閣官房で、経済産業省の出向者が中心となった経産省主導の組織です。

議長の安倍首相が指名した「民間人」には、経団連会長をはじめとする財界人が4名、学者2名が名を連ねていますが、「学者」のひとりには、人材派遣会社パソナなどを擁する株式会社パソナグループの取締役会長で、外国人労働者の受け入れ拡大を進める竹中平蔵氏がいます。

この「未来投資会議」で、「自立支援介護」について発言したのが、有識者として出席した竹内孝仁氏（国際医療福祉大学大学院教授）でした。

竹内氏は「いったん要介護になった人をもう一度自立状態に引き戻す介護」として、「自立支援介護」を紹介。「これで現在の要介護者の約半数ぐらいは、元に戻すことができる」と断言し、さらに、この介護で肺炎と骨折が激減するため、「8692億円が削減できる」と言い、「自立支援介護」をすると「認知症の症状が8割減る」と説明しました。

この説明を聞いた安倍首相は、「介護でもパラダイムシフトを起こす」と発言。「これまでの介護は、目の前の高齢者ができないことをお世話することが中心だったが、これからは、高齢者が自分でできるようになることを助ける自立支援に軸足を置き、本人が望む限り、介護がいらない状態までの回復をできる限り目指していく」と述べ、国が率先して「自立支援介護」を進めることになりました。

こうした2年間の流れのなかで、2017年介護保険法改正では、「要介護の維持・改善を図る自立支援介護の強化」と「要介護度を改善した市町村を財政的に優遇するインセンティブ制度の創設」、さらにAI（人工知能）やロボット、ビッグデータなど革新技術の利用という、「介護給付抑制の切り札」が盛り込まれることになったわけです。

国が進める「自立支援介護」

しかし、「高齢者が元気になって要介護度が下がれば、介護保険給付費も下がるので一石二鳥」と、国が進めることになった「自立支援介護」については、医療・介護の現場から大きな反論が出ました。

竹内氏の唱える「自立支援介護」は、1日に1500ミリリットルの水と1日1500キロカロリーの栄養摂取、運動、おむつを外して自然排便をすること（おむつ外し）を基本としています。この介護法は施設介護の質を向上させるとして、特養が高価な運動マシンを購入し、積極的に取り入れた時期もありましたが、水分の補給やトイレへの誘導など、居住者への強要を懸念する声が現場の職員から出たため、次第に下火になりました。

特養に入居してくる人のなかには、独居だったり家族が介護できない状態だったため、栄養失調状態で自宅生活を続けてきた人が少なからずいます。そうした人たちがきちんと食事をし、適度な運動をし、規則正しい生活をすれば、元気になるのは当然のことです。それを理論化したという意味では、「竹内理論」は、一定の役割を果たしたといえます。

しかし、今回の医療・介護現場からの反論は、身体機能を改善することが「自立支援」なのではなく、高齢者や障害児者が「本人らしい暮らし」を送れるよう支援することが、本来の自立支援ではないかということです。

介護保険法では、国から「措置」として与えられてきた介護を、高齢者がサービスとして「自己選択」できるものに変えました。この自己選択権のあらわれが人間の尊厳を支える「自立支援」で、要介護状態になっても自己選択できることが「自立」とされています。ところが、国の進める「自立支援介護」では、その意味がまったく異なってきます。

健康法の基本は、「適度な運動、バランスのいい食事、脳の活性化、よい睡眠」です。そして、高齢者に多い廃用症候群やフレイルが、適度な「食事・水分・活動アップ」とリハビリテーション（リハビリ）で改善できることは、間違いありません。

要支援レベルの前期高齢者であれば、こうした方法で元気になって、介護保険や総合事業からいったん〝卒業〟することはあるでしょう。しかし、高齢者には治らない病気や障害を抱えて生きている人が数多くいます。そして、誰でも年を取っていくので、「介護のいらない状態に戻す」という身体機能の回復を、ずっと続けていくことはできません。

訪問診療医の佐々木淳さんは、「病気や障害を抱えた人たちが最期まで納得した生活を送り、自分の人生の主人公として生き切ったと思って旅立っていくことが、僕らにとっての成果です」

と、次のように語ってくれました。

「自立支援の目的は身体機能の向上ではなく人生の質にあるべきだし、もっと広く、幸せや生きがいをも含んだ概念であるべきです。それを実現するためには、介護に身体機能の向上だけを重視するような評価指標を入れないでほしい。さらにそこにインセンティブをつけると、優遇措置目当ての自治体が要介護度の改善を目指して必要以上に介入する危険性があり、勘違いした自治体が勘違いした総合事業を始めたりすることになりかねません」

しかし、介護状態が〝治る〟とされる「自立支援介護」で、高齢者を元気にして介護保険の利用者を減らそうという考え方は、国の後押しの結果、濃淡の差はあるものの、全国の自治体に広がりつつあります。

高齢者でも障害者でも、「自分でできる」ことが少しでも増えるように支援するのは、ケアの基本です。ただ、それは身体機能の向上だけではなく、生活機能や生活の質（ＱＯＬ）を含めた支援であるべきで、自治体が介護費抑制の「目標」を達成するために、住民にリハビリや運動を押しつけ、「元気になれ」と言っている光景は健全とは思えません。

自分はどんなケアを受けたいのか、そしてそれを受けるためにはどういうことをすればいいのか、社会保障のあり方を含め、私たち自身が考えていかなければいけない時代です。

２０１７年改正の実情と目指すもの

介護保険改正の翌年、実施と同時にアナウンスされるのが、「介護報酬」の改定です。

２０１７年の介護保険法改正では、「介護保険料の３割化・介護医療院の創設・共生型サービスの創設・保険者機能の強化」が軸になりました。それをもとに介護報酬も次の４点について、効率化をテーマに手厚い報酬を加算しています。

(1)地域包括ケアシステムの推進
(2)自立支援・重度化防止
(3)多様な人材の確保と生産性の向上
(4)介護サービスの適正化

(1)では、ターミナルケアや看取りが評価され、訪問看護、認知症グループホーム、介護付き老人ホームなどの特定施設、特養、介護医療院、ショートステイ、小規模多機能型居宅介護、居宅介護などで看取りをきちんと行った場合は加算がつくことになりました。

がん末期の人のケアマネジメント加算も新設され、介護職による痰の吸引などの医療行為が解禁され、入退院支援のケアマネジメント、認知症の専門ケアや、若年性認知症の人の受け入れに対しても加算がついています。

(2)と(3)では「自立支援」が大きなポイントになっています。(2)ではリハビリが重視され、成果を上げた場合は大きな加算がつくことになりました。ところが、(3)では、ヘルパーの訪問介護に大きな変化がありました。

訪問介護には掃除、洗濯、調理など日常生活を助ける「生活援助」と、着替え、入浴、おむつ交換などを行う「身体介護」がありますが、「自立支援・重度化防止」の取り組みとして、「生活援助」の報酬を引き下げ「身体介護」の報酬を微増しました。生活援助を増やすと「怠け者」につながり、本人の「自立」が妨げられる、というのが国の言い分です。

実は、国は2017年の制度改正で「要介護2までの生活援助を自費」にする方向で議論しています。しかし介護現場や介護家族を中心に全国的な反対があったため、いったん取り下げ、その代わりに生活援助の報酬を引き下げ、短期間の研修を受けた「生活援助ヘルパー」を導入することにしました。

事業所が国から受け取ることができる報酬は、介護福祉士でも研修を受けた無資格者でも同じなので、国は事業所が給料の安い生活援助ヘルパーに「生活援助」を任せることを期待しています。そうすれば、資格のあるプロのヘルパーは「身体介護」に専念できるというわけですが、生活援助と身体介護を分けることは、実際にはそう簡単ではありません。

さらに、安上がりの担い手を訪問介護に導入することへの不安や、ヘルパーの社会的地位が低くなり、人材確保がさらに厳しくなる、という意見もあります。国は訪問看護でも「看護補助」という無資格者の担い手を新設しました。

また、(4)では訪問回数の上限を設定し、上限以上の生活援助をする場合は、ケアマネジャーが市区町村に届け出をしなければならないことになりました。

ほかにも変更がいっぱい

介護保険と介護報酬の見直し時には、専門職ですら理解できないほど多くのことが変更されますが、利用者側にかかわりのある変更点をもう少し見てみましょう。

⑷の「介護サービスの適正化」では、２０１９年10月から福祉用具のレンタル料に上限が設定されることになっています。介護保険サービスが使えるというので、高価な福祉用具を高いレンタル料で貸し出していた事業所が多いというのがその理由です。

今年度は業界の反対で、上限を設定されるのは新商品のみとなりますが、今後、どうなっていくかは不透明です。レンタル料に上限を設け、超えたものを自費扱いにすれば、事業者間で値下げ競争が起こると同時に、価格を下げることのできない高価で性能のいい製品は保険適用外になっていく。国はそういったことを狙っているのではないかという見方もあります。

要介護認定の有効期間も変わりました。これまでは「新規認定」と「区分変更」については1年（原則は6か月）、認定の更新は2年（原則は1年）まで有効期間を延長することが可能でしたが、3年まで延長できることが決まりました。48％の人の要介護度が3年でも変わらないというのがその理由ですが、実際には判定にかかる自治体の事務負担や費用を軽減するのが狙いだともいわれています。

ただ、誰を3年にするかは市区町村の判断によるので、そうなるとケアマネジャーが本人の状態の変化をしっかり見ていることが大切になってきます。いっぽう、次回の見直し（2020年改正）では、現在、介護保険の財源から支払われているため無料となっているケアマネジャーのケアプランづくりを、有料化しようという議論が進んでいます。

介護保険財源からのプラン作成を含むケアマネジャーへの支払いは、要支援で月4500円、要介護で月1万〜1万3000円程度といわれていますから、要介護で1割負担の人は月1000〜1300円、2割負担の人は月2000〜2600円を支払うという、利用者にとっては新たな負担が出てきます。

これからの介護保険の行方

介護保険サービスの利用では「要支援1」から「要介護2」までの人が6割を占めます。「軽度者」とされるこの人たちを、介護保険から市区町村の「総合事業」へと移行する方向が日本では進んできました。

しかし、日本が介護保険のモデルとしてきたドイツでは逆に、それまで3段階だった要介護区分に、2017年から「要介護1・2」に当たる判定を導入しました。認知症の人を早い段階からケアしようというもので、国民の評価も高いと聞きます。

「介護の原因」では、2017年から「認知症」がトップになりました。「要支援1・2」では

ＭＣＩ（軽度認知障害）を含めた認知症の人が多く、認知症に詳しい訪問診療医の多くは、要介護１以上では８割の人たちに認知症の症状があると言っています。

介護保険サービスの「生活援助」をいちばん必要とし、目配りのある支援が必要なのが「軽度」と呼ばれる認知症の人たちです。その人たちに必要な「生活援助」が軽視され、身体機能の向上だけを目的とした「自立支援介護」が押しつけられ、それらが新しい担い手の「生活援助ヘルパー」と呼ばれる短期研修者に任せられるという方向は、かえって認知症の人の「重症化」を招いてしまうのではないかと、私自身は危惧しています。

２０２０年の介護保険制度改正に向けた議論は、すでに始まっています。具体的な案は２０１９年末までに取りまとめられる予定ですが、「要介護１・２の総合事業への移行と生活支援の削減」「ケアプランの有料化」に加え、「自己負担原則２割」が３大焦点として注目を集めています。

最近、あるセミナーでこれらに関する財務省職員の回答を聞きましたが、「経費削減」という姿勢にゆるぎはありませんでした。さまざまな負担が増えることによって、経済的にゆとりのない高齢者は介護サービスを利用できなくなり、その介護保険サービスも減って、在宅を支える介護職員もいなくなっていく……。制度はあっても使えるサービスのない、そんな介護保険になることが懸念されています。

２０２５年を目標にした医療・介護の「同時改定」を終え、国は「次の山」とされる２０４０年に向けて動き始めました。

2025年は「団塊の世代」が75歳以上になる年ですが、2040年はその子どもたちの「団塊ジュニア」が65歳以上になる年です。国立社会保障・人口問題研究所の推計では、2040年の総人口は1億1092万人で、2018年4月の人口から1520万人ほど減るといわれています。高齢者の伸びは落ち着きますが、その代わり労働力となる15歳以上65歳未満の「生産年齢人口」が急減し、医療・介護・福祉にかかわる担い手の確保が最大の課題になると厚労省はまとめています。

「介護保険財源の不足」「介護人材の不足」という2つの大きな課題を抱えた介護保険制度。2019年6月21日に閣議決定された「経済財政運営と改革の基本方針2019」（骨太方針2019）では、2040年までに「健康寿命」を3年以上伸ばして75歳以上にする「健康寿命延伸プランの推進」を掲げました。そして、市区町村に介護予防事業を励むようにと言っています。こうした「介護予防・健康づくり」をするために、体操などに高齢者が気軽に通える「通いの場」の充実も、次回の介護保険制度改正の柱になるようです。

さらに認知症でも「予防」を推進するために、政府は2019年6月に「認知症施策推進大綱」を策定し、医療でも生活習慣病などに対する「予防医療」に焦点を当てています。こうした「予防路線」で期待されているのは、予防を強化すれば要介護者が減り、医療費・介護費の削減になる、ということですが、「予防をして長生きをすれば、医療・介護費はかえって増えるのではないか」という指摘もあります。はっきりしたエビデンス（根拠）もないまま、医療・介護保険を「予防」に誘導するのは、「現実逃避」ではないか、という識者も少なくありません。

「全世代型社会保障改革」とは？

安倍内閣は2014年の「女性活躍」、2015年の「一億総活躍社会」、2016年の「働き方改革」、2017年の「人づくり革命」と華やかな看板を掲げてきましたが、次の大看板は子どもを加えた「全世代型社会保障改革」です。

前出の「未来投資会議」では、2018年10月から「全世代型社会保障制度」への議論を開始しました。そして2019年6月、「70歳までの就業機会の確保に向けた法改正を目指す」と強調し、「70歳定年」を打ち出しました。背景にあるのは年金支給年齢の引き上げです。

2020年の介護保険制度改正では、先ほどお伝えした「要介護1・2」の総合事業移行など3大焦点に加え、預貯金ばかりでなく不動産を含めた資産を評価し、「能力」に応じた負担が求められることが予想されています。

また医療でも、入院日数のさらなる短縮と医療費を「適正化」することを基本に、後期高齢者の自己負担（窓口負担）を介護保険の自己負担原則2割引き上げの方向に合わせて2割に引き上げることや、風邪などの少額受診に対する追加負担、湿布、漢方薬などの薬剤自己負担引き上げなどが財政制度等審議会で取り上げられています。

母の認知症発症から始まった月1度の介護帰省で、父からうんざりするほど聞かされるのは、

「こんなに長く生きるとは思わなかった」「長生きしてもいいことはない」という繰り言です。衰えゆく健康への不安を日々抱え、気丈と繰り言を行き来しながら独居生活を続ける父の姿は、頑固者の父と小競り合いを長年続けてきた娘の目に、自分の将来としっかり重なっています。

「長生きしても幸せな社会」はどうしたらつくっていけるのか。

期せずして55歳で介護者となった15年前は、そんな問いは頭の隅にも浮かびませんでした。人間というのは、自分が「当事者」になる前は考えもしなかった病気や介護が、降りかかってきた途端にあわてふためくのが常だからです。

とはいえ、国が社会保障の財源削減をますます進めていくこれからの時代。「介護保険廃止論」や介護保険と医療保険の統合も語られ始めています。そんな時代だからこそ、私たち自身も知恵と情報と人のネットワークを駆使し、たくさんの「転ばぬ先の杖」と新しい支え合いを集め、次の世代に続く「長生きしても幸せな社会」を、それぞれが考えていくことが必要です。本書ではそんなたくさんの杖を集めてみました。

第２章

介護のお金が足りない

最大の不安は「老後の医療費と介護費」

老後の不安は「健康とお金」。どんな調査を見ても、この2つがダントツです。さて、そのお金。20代から70代以上まで1200人を対象にしたインターネット調査「老後とお金に関する調査」（日本ファイナンシャル・プランナーズ協会、2017年）の「お金にまつわる悩みごと」で、もっとも多かったのは、「老後の医療費と介護費」でした。

老後のお金はいくら必要か

「老後のお金」に関しては、情報が本や雑誌、インターネットにあふれています。「1億円は必要」というギョッとするような情報から、「定年時に2000万円の預金があれば大丈夫」という情報、はたまた「これだけ用意したのに老後破産した」という情報まで、私たちの疑問や不安をあおる材料には事欠きません。

ザックリとした数字なら出すことができます。2019年6月に金融庁が「95歳まで生きるには2000万円不足する」という試算を出し、大きな不安と批判を呼びました。年金が足りなくなるから、貯金や資産運営で「自助努力」をするようにと国民を促したことが原因ですが、試算のもとになっているのが総務省の家計調査（2017年）です。

この調査によると、平均的な無職の高齢夫婦（夫65歳、妻60歳）の毎月の収入は、年金19万１８８０円とそれ以外で得た収入１万７３１８円を合わせた20万９１９８円です。いっぽう支出は26万３７１８円。内訳は、食費の６万４４４４円をはじめ、住居費＋水道光熱費＋通信費などで６万４９９５円、税金＋社会保険料＝２万８２４０円、それに教育・教養・娯楽やその他消費の支出も合わせた数字で、収入から支出を差し引くと、５万４５２０円が不足します。いっぽう、ひとり暮らし高齢者では収入が11万４０２７円、支出が15万４７４２円ですから、不足分は４万７１５円。

実はこの数字は老後資金について語るとき、多くの人が目安として使っているものです。ただ、実際には「老後」にかかるお金はひとり一人の暮らし方で異なってきますし、年金の受給額によって必要となる貯蓄額も違ってきます。しかし、金融庁はこの数字をもとに単純計算し、「２０００万円足りない」といって、株や投資などを国民に促そうとしました。それが国民のあいだに長年くすぶっていた「年金不安」に火をつけ、「老後資金２０００万円問題」へと発展することになりました。

ちなみに同調査の「貯蓄編」（２０１８年）によると、高齢者２人以上世帯の中央値は１５１５万円。２５００万円以上の世帯は３割超いますが、３００万円以下の世帯も約16％を占めています。そのうち８％の人の貯蓄は１００万円以下です。

ケアのお金の目安を知る

前述の総務省の家計調査では、医療費・介護費に当たる「保健医療費」の平均額は高齢者2人以上世帯で約1万5000円、おひとりさまで約8000円となっています。しかし、大きな病気や入院は予期せぬときに、突然やってきます。そのときにあわてふためかないために、「医療・介護費」が、どのくらいかかるかの目安を知っておくことは必要です。とはいえ、お金についてむやみに悲観的になるのは考えもの。というのは、公的な医療・介護保険制度には、経済的な負担を軽減する仕組みがある程度整備されているからです。

介護費や医療の負担を軽くする制度には、公的医療保険の高額療養費制度や介護保険の合算制度がありますし、介護休業の給付金や障害年金のような生活費を軽減する給付金や手当もあります。また、各自治体には介護が必要な人に対する紙おむつの支給や移動サービスをはじめ、住宅改修サービスや、ひとり暮らし・老々夫婦へのサービスなど、「横出しサービス」と呼ばれる独自のさまざまな福祉サービスもあります。

ただし、日本のお役所は「申請主義」で、自分で申請や請求をしないと制度が利用できません。だからこそ、私たち自身が「情報を知る」ことが大切なのです。

医療と介護にかかるお金にはいろんな数字が出ています。「家計経済研究所」が実施している「在宅介護のお金と負担」（2016年）調査結果では、介護保険サービス費用の1割自己負担（要支援1~要介護5）の全体月平均は1万3000円、介護サービス以外にかかる費用が同平均３万２０００円で、合わせて４万５０００円です。介護サービス以外というのは医療費やおむつ代、配食サービス、介護食、税金や医療・介護の公的保険料など、自費で払う費用のことです。

しかし、ケアにかかる費用は介護や医療をどの程度必要とするかで変わります。介護保険では介護を受ける人が重度になるほど費用がかかるとして、最軽度の要支援１の月額約５万円から、最重度の要介護５で月額約36万円までの「支給限度額」を決めています。限度額以内であれば、自己負担１～３割でサービスを利用することができますので、それをどう使いこなすかでケアの内容もかかるお金も異なってきます。

自宅ケアにかかるお金

極端な例ですが、私の友人には同居する妻の両親の医療・介護費に、月々約90万円を支払っている人がいました。妻が介護うつになり両親の介護ができなくなったため、24時間の自費ヘルパーを入れたからです。「90万円！」と絶句しましたが、実際、24時間の自費ヘルパーとなると、それだけで１日３万円以上かかります。自宅生活にこだわる妻の両親に貯蓄があり、友人本人も会社で役職に就いているので「なんとかやっている」ということでした。

自宅療養にこだわった義父が亡くなり、義母が介護付き有料老人ホームに入ったため、４年ほどでこの高額介護の期間は終わりましたが、「いつまで続くのかと、ビクビクものだった」と、友人は内心をもらしていました。

しかし、ふつうは医療・介護にこれほどお金をかけることはできません。ケアの基本は介護保険の利用限度額を超えず、本人の希望とニーズに沿ったケアを、本人の経済状態に合わせて行うことです。さらに、医療や介護にかかる費用は病気の状態や要介護度ばかりではなく、自宅か、施設や病院に入居・入院しているのかで、それぞれ異なります。

まずは、自宅でのケアを考えてみましょう。介護保険の「在宅介護」で利用できるサービスには、家にヘルパーが訪問する「訪問介護」、デイサービスなどに通う「通所介護」をはじめ、第3章で詳しく説明するさまざまなサービスがあります。こうした介護保険サービスのほか、各自治体には独自の「横出しサービス」がありますし、有償ボランティアの仕組みもあります。これらも視野に入れながら、本人が「こうしたい」という希望をもとに、本人に必要な介護サービスを組み立てていくのがケアプランです。

在宅の医療費データはなかなか見つかりませんが、医師が自宅などに訪問する在宅医療を受けている患者家族500人を対象に、総合医療メディアのQLifeが行ったインターネット調査(2015年)よると、「月額平均約2万円」でした。最低額は1000円、最高額は12万円です。

しかし、公的医療保険には「高額療養費制度」があります。そうした医療や介護の助成制度や減免制度、お住まいの市区町村の助成などを上手に利用することで、ケアの費用を軽減できることを、まず知っておいてください。

実際にかかる費用を介護家族に聞いてみた

インターネットでは、月額平均12万７０００円かかるといった保険会社の「介護費用」情報もあったので、フェイスブックを通して、介護家族とケアマネジャーに聞いてみました。

▽介護度や使うサービスにもよりますが、要介護３の祖母の場合は介護サービス月２万円、おむつ代（尿パッド含む）に月１万～２万円、医療費は後期高齢なので月数千円でした。あとは食費と洗濯代。便で衣類やシーツ、タオルケットを汚すので、家での洗濯＋コインランドリーを利用。小規模多機能の「通い」「泊まり」を利用する方はもう少し高くつくように思います。

▽母は要介護４でしたが、週４日のデイサービス、月１～２泊のショートステイ、福祉用具はベッドと車いすレンタル代、おむつ代、月１回の訪問診療で月に６万円くらいでした。

▽認知症とがん寛解、後期高齢の要介護度３です。医療が月１万～２万円＋介護３万円で、おむつは市の補助があり１０００円以下。これで月３万～４万円というのは平均的だと思います。その他でいちばん大きいのは食事。生活の質を維持して、きちんと栄養管理したいので、配食サービス等を利用し、食費で３万～４万円かかりました。これで、月６万～８万円。すぐ汚れる消耗品購入代、光熱費、ケアする家族の遠距離介護の交通費などもありました。

▽介護度と家族形態でずいぶん違います。ひとり暮らしで認知症の利用者は、毎日ヘルパーさんが必要で、自費が出る場合もあります。自費が出ても施設よりも安いということで、在宅にされる方が多いですね。

ちょうど確定申告の準備中ということで、正確な数字を出してくれた人もいます。仕事を続けながらの介護。しかも、医療・介護の助成制度を実にうまく利用しているので、多くの人の参考になると思います。

▽要介護4で認知症の母。1割負担のわが家の基本のケアプランは、食事＋風呂＋昼の服薬＋見守りを兼ね、デイサービスを毎日と、服薬＋健康管理のために、週1回の訪問看護を入れています。私に出張が多いのと休養も必要なので、ショートステイも月の半分ほど入れています。去年1年間で介護事業者に払ったお金は合計75万6180円（月6万3015円）。高額介護サービスと行政の介護補助からの払い戻しを差し引くと合計47万6520円（月3万9710円）でした。おむつ代は日に日に増えていて、行政から約6000円分現物支給を受け、足りない分を通販で購入し、年間約3万5000円（月3000円程度）です。

介護サービスを最大で使った月はデイサービス13日（食事等込み2万5355円）、特別養護老人ホーム（特養）の多床室でのショートステイ16日（同3万2627円）。訪問看護3回（3360円）で合計6万1342円。高額介護サービス費＋市の介護費用補助での払い戻しが2万6389円あったので、それを差し引くと3万4953円でした。ちなみに、母は年金受給額が155万円以下で住民税非課税なので、ショートステイなどの食事代の減免を受け、もちろん高額介護サービス制度を利用しています。医療費については「自立支援医療制度」の適応を受けていますので、ごくわずかです。

制度を知って、お金の負担を軽減する

この数字を出してくれた恵美さん（仮名　42歳）は、「高額介護サービス費」（第3章参照）や医療費の「自立支援医療制度」の助成をはじめ、介護と医療の助成・減免制度をフル活用し、在宅ケアの費用を軽減しています。入院することがあっても、収入が少ない住民税非課税世帯のお母さんの入院費は、治療が健康保険の範囲内で差額ベッドを使わなければ、1か月2万4600円以上請求されることはありません。

ただ、恵美さんのお母さんは介護保険の負担が1割。しかも、住民税非課税世帯なので費用の助成・減免制度も利用できます。しかし、介護保険負担2～3割になると介護保険サービスにかかる費用も2～3倍。所得枠も「現役並み所得者」や「一般所得者」となるため、助成・減免制度が受けられません。

ちなみにひとり暮らしで2割負担、つい最近まで要支援2だったわが家の95歳父は、サービスの利用量とかかるお金がジリジリと増えています。ヘルパー訪問が週3回（月約7400円）、デイケアに週1日（月約8300円＋食事代月2800円）、健康不安を訴えるようになったので30分の訪問看護を週1回（月約3500円）、足がヨロヨロなので手すり2台と歩行器を福祉用具のレンタル（月約1500円）で利用していました。

要支援2ではこれで利用限度額いっぱいだったので、あとは自費でした。ゴミ出しが大変になってきたため、介護保険サービス外で15分500円の「ワンコイン・サービス」を週1回利用

（月2000円）し、買い物や食事の支度が難しくなって有償のヘルパーを週1回（月8000円）入れたため、介護費の合計は毎月約3万5000円。医療にかかるお金は、月1回の通院のタクシー利用費を含め3000円程度です。尿漏れでリハビリパンツを使い始めたので、それが月約3000円、介護・医療費を合わせると4万円ちょっとというところでした。要介護1になってからは、有償だったヘルパーを介護保険サービスで使えるようになったため、毎月かかるお金はかえって安くなりました。

父の場合は超高齢のひとり暮らしなので、介護態勢はどうしても手厚くなりますが、同じ要支援2でも、1割負担でヘルパーの訪問介護とデイサービスをおのおの週1回利用するだけなら、介護の費用は月5000円程度で済んでしまいます。

先の「在宅介護のお金と負担」調査を見てみると、要支援2で1割負担の人の介護保険サービス費平均は月4000円、いっぽう要介護5で1割負担の人の平均は月2万4000円でした。ケアにかかるお金はそんなふうに要介護度や利用者負担の割合、さらにからだの状態や暮らし方によって大きく異なってきます。

「介護にかかる費用は月平均12万7000円」や、「介護の初期費用が500万円かかる」といった情報の多くは生命保険会社の調査です。そこには住宅改修費やベッドの購入費なども含まれていて、「介護はお金がかかるので民間の介護保険に入りましょう」という誘いが、その裏にひそんでいるように思います。

しかし、住宅改修やベッドについては、介護保険サービスや助成制度をうまく使えば費用をまかなうことができます。たとえば、介護保険サービスの「居宅介護住宅改修費」では、上限20万円までの範囲で、手すり取り付け、段差解消、滑り防止などの床材変更、扉の取り替え、洋式便器への取り替えができ、要介護度が3段階上がれば再度この制度が使えます。また、各自治体にはバリアフリーへの住宅改修や地震対策のための費用助成もあります。

要介護2以上なら、ベッドを自分で購入しないこともひとつの選択肢です。介護保険の「福祉用具貸与」サービスでは、1割負担であれば月1000円程度でベッドのレンタルができ、使い勝手が悪ければ交換することもできます。

介護の期間は平均4～7年といわれますが、10年以上続くことも珍しくありません。そのいっぽう、もともとの疾患に加え、がんなどの病気を併発したりして、想定外の事態が起こることもあります。それらに備えて医療・介護費を用意しておくことは大切ですが、制度を知り、利用の仕方を工夫していくことで、お金の負担が減るとともに介護自体も楽になっていきます。

施設ケアにかかるお金

介護施設の場合はどのくらいお金がかかるのでしょうか。介護施設には介護保険で運営される「介護保険3施設」と呼ばれる特別養護老人ホーム（特養）、介護老人保健施設（老健）、介護療養型医療施設と、地域密着型の「認知症グループホーム」、そして、民間が運営する「介護付き有料老人ホーム」があります。有料老人ホームには「住宅型」もありますが、ここには介護はついておらず、自宅と同じようにヘルパーの訪問や、デイサービスに通うなど、介護保険の「在宅サービス」を受けることになります。「サ高住」と呼ばれるサービス付高齢者住宅も同様です。

自宅で暮らしていれば、通常の生活費に介護にかかるお金が上乗せされるだけですが、介護施設へ入ると、介護サービスの利用限度額いっぱいの費用の1〜3割に、家賃（居住費）や食費が加わります。有料老人ホームではさらに管理費、水道光熱費や、「買い物代行」「通院付き添い」、おむつ代などの自己負担が上乗せされますが、これがなかなかバカになりません。

さらに、自宅介護では介護保険のサービスは自分で選び、利用限度額を見ながらそこに収まるよう費用の調整をすることができますが、介護施設ではサービスは一律で、利用限度額いっぱいまで請求されます。このため、自宅で暮らしていた夫婦のどちらかが施設に移ると、自宅と施設の両方の費用が必要となり、費用負担で苦しむ家族が増えてきます。

特養と認知症グループホームにかかるお金

特別養護老人ホーム（特養）は、看取りを含めた長期滞在が可能なことに加え、利用料が安いため、一時期は待機者が全国で50万人などといわれた時期もありました。しかし、２０１５年度から入居者が原則「要介護３以上」になったことをきっかけに、人口が少なく地価の安い郊外地域では施設数が過剰となり、介護職員の不足もあって空床が目立つ状態になっています。場所を選ばなければ、特養は入りやすくなったといえますが、本人にとっては自宅から離れた見知らぬ土地。家族にとっては通いにくいため足が遠のくというマイナス面もあります。

費用の面でも、「特養は安い」というわけではなくなりました。特養では近年、10室程度を1ユニットとして少人数ケアをする「ユニット型」と呼ばれる施設が増えていますが、新設の場合はすべて室料の高いこのユニット型が認可の条件。２割負担の場合、民間の運営する有料老人ホームとそう変わらない利用料を取られる特養も出てきました。

とはいえ、特養には有料老人ホームのような入居一時金は必要ありません。水道光熱費など多少の実費はありますが、支払うのは月々の利用料だけで、そこには掃除、洗濯、おむつ代などの費用も含まれています。預貯金ばかりか不動産資産も考慮に入り、入居できる対象がどんどん狭くなってはいるものの、低所得者には食費と居住費の減免制度もあります。国としては「重度者」と「低所得者」を対象にしつつある特養ですが、庶民には依然として人気の高い施設です。

特養の費用は施設や部屋によって異なります。要介護３（負担１割・低所得等の減額なし）の場合で、居住費＋食費＋水道光熱費＋要介護度別の介護サービス費（利用限度額まで）で、多床室で月9万円、従来型個室で月11万円、ユニット型個室で月13万円が目安です。

いっぽう、要介護1から入居できる認知症グループホームは、同じ公的施設でも入居時に50万円程度の「預り金」を取るところもあり、居住費＋食費＋水道光熱費＋要介護度別の介護サービス費（利用限度額まで）を加えた費用の目安は、月15万～25万円です。認知症グループホームは公的施設の部類に入りますが、特養のような食費・居住費の減免制度はありません。おむつ代も自費なのでどうしても割高になってしまいます。

東京都内の認知症グループホームで暮らす認知症の直美さん（82歳・要介護4、1割負担）の毎月の支払いは、家賃＋食材費＋水道光熱費＋日常生活費＋介護サービス費で、月22万円程度です。医療費については、認知症で非課税世帯の彼女は、前出の恵美さんのお母さんと同じように「自立支援医療制度」の助成を利用しているため、認知症主治医への外来診療と薬代が月150０円程度、施設への月1回の訪問診療が約3000円で月2000円未満です。

後期高齢者の彼女の医療費負担は1割。ここで「自立支援医療制度」を利用すると、そのまま1割の支払いとなるため、この金額になるのです。歯科の口腔ケア（月2回、約3000円）はこの制度の対象ではないため、医療費は合わせて月5000円程度。これに自費のおむつ代月4000円を加えると、毎月の支払いは約23万円です。

特養では簡単な医療ケアはありますが、足りない場合は医療機関への外来受診か入院となり、通常の医療費がかかります。認知症グループホームの場合、医療については「在宅」の扱いなので、自宅と同じように外来に通院するか、月１回以上の訪問診療を受けることになります。特養や認知症グループホームの通院時の送迎は、多くの場合は家族が付き添うか、ヘルパーを自費で雇うことが求められます。医療と介護の助成制度については、次章で詳しく説明します。

民間の高齢者ホームにかかるお金

介護付き有料老人ホームでは、費用は所在地や設備、入居一時金の額などによってさまざまです。厚生労働省によると、介護付き有料老人ホームなど、「特定施設入居者生活介護」とされる民間介護施設（短期利用以外）の平均費用は月額約22万円。特定施設というのは、入居している要介護者に、介護サービス計画に基づいた入浴・排泄・食事などの介護や療養上の世話、機能訓練を行ってもいいという指定を都道府県知事から受けた施設で、サ高住の一部でも介護付き有料老人ホームに該当するものとして、指定を受けているところが一部あります。

費用に含まれているのは、居住費（家賃）＋管理費（共益費＋基本サービス料）＋食費＋水道光熱費まで。これに要介護度別の介護サービス費（要介護度に応じた利用限度額の１〜３割）が加わり、おむつ代を含めた生活実費などはすべてが有料となります。

介護付き有料老人ホームには、要介護度が満たないため特養などに入れない高齢者も数多く入居していますが、年金受給者のうち年金収入が２５０万円を超える人の割合は、男性が約３割、女性は1割に満たないとあって、親が民間の介護施設に入居することで、経済的負担に悩まされる家族は少なくありません。

高齢者の住まいにはサ高住もあります。しかし、ここでの〝サービス〟は、「見守りと生活相談」だけで、介護はついていませんから、見守り付きマンションといったほうがわかりやすいかもしれません。サ高住は有料老人ホームの「住宅型」と同じように、介護保険では自宅と同じ「居宅」というカテゴリーに入っているため、介護が必要な人にはヘルパーが訪問し、デイサービスなどに通います。サ高住の費用は有料老人ホーム以上にピンキリですが、目安は家賃＋共益費＋水道光熱費＋サービス支援費＋食費で13万～24万円程度。介護や医療が必要な人は、自宅と同じように介護保険サービスにかかるお金が上乗せとなります。

施設や高齢者住宅は利用料に加え、内容にもかなりの差があります。ご自分や親のために高齢者住宅・施設への入居を考える人は、できれば入居が必要になる前から、機会を見つけて見学を重ねてください。いろんなタイプを見ることで、高齢者住宅・施設の現状がわかりますし、高齢期の「住まい方」に対する見方も広がってくると思います。

なお、有料老人ホームやサ高住は医療・介護では「居宅」とされているため、自宅と同じように病院や診療所に通院するか、訪問診療を受けることになります。国は「病院から在宅へ」「施設から在宅へ」の方向を進めていますが、国の考える「居宅・在宅」は、自宅よりもこうした高齢者住宅に傾いているのではないか、という見方が、関係者のあいだでは年々強くなっています。

在宅医療にかかるお金

医療機関への通院が困難になった人は、医師や看護師、歯科医などが自宅に定期的に訪問する在宅医療を受けることができます。医療費削減のため、入院から退院までの日数はますます短くなっているとあって、地域での在宅医療の必要性は高まっていますが、全国的には立ち遅れている地域も少なくありません。また、施設や高齢者住宅に入るお金がないため、やむなく自宅で生活する高齢者も増えています。

訪問診療を行う医療機関には、在宅療養支援診療所という24時間３６５日対応の診療所と、外来が中心に往診も行うふつうの診療所があり、訪問診療をする医師は定期診療と往診を組み合わせて行っています。

在宅医療を受けているのは、子どもから高齢者まで幅広く、慢性疾患を抱える高齢者ばかりではなく、障害をもった子ども、難病や重度の障害をもつ人、がんのターミナル期の人、看取りをする人などさまざまです。病院の医療は「治す」医療、在宅の医療は「日々の生活を保つ」医療といわれますが、病気やからだの衰えをもつ人が最期まで自分らしく暮らすことを、訪問する医師、看護師、リハビリ専門職、歯科医、薬剤師、管理栄養士などが一緒になって支えていくのが、在宅医療の目的です。

医師の力量にもよりますが、訪問診療でできる範囲は幅広く、輸血、人工透析、がんの緩和治療など、「できないことは手術と先端医療だけ」といわれるほど進歩してきました。以前はできなかった検査も、スマートフォンサイズのスキャナーや、持ち運びのできる心電計などが登場し、自宅や施設で簡単に検査ができるようになっています。訪問診療医は、日常の健康状態のチェック、経過観察、血液・尿・心電図などの検査、痛みのコントロール、薬の処方などを行うほか、訪問看護師や訪問リハビリ療法士、訪問薬剤師に治療や薬の指示書を出すのが仕事です。

訪問診療は24時間対応なので、緊急往診、夜間往診も行い、病院と連携して検査や再入院の手配も行います。訪問距離は16キロメートルまで。訪問の基本は月2回以上とされていましたが、経過観察だけが必要な人もいるということで、月1回から認められるようになりました。

費用は、月1回で公的医療保険が1割負担であれば1か月3200円程度、月2回で7000円程度です。その他、毎月の医療費には治療費や検査代、加算、薬代などが加わります。医療費が3割負担となる70歳未満の人は負担感が大きくなりますが、医療や介護には、第3章で取り上げるようにさまざまな助成・減免制度があります。

何度もお伝えしていますが、在宅医療は自宅ばかりでなく、有料老人ホームやサ高住などに移り住んだときや、認知症グループホームでも利用できることを覚えておきましょう。

第3章 制度を利用してケアのお金を賢く減らす

介護保険の基本知識をまず仕入れよう

「介護保険って、複雑でわけがわからない」というのは、よく聞くお悩み。本当ですね。確かに介護保険制度は複雑です。しかも、制度はどんどん変わっていくし、利用者負担も増えていくばかり……。

そこで、この章では介護の苦労を軽減する方法と、介護と医療にかかるお金を賢く減らす方法を考えていきます。ケアにかかわってくるのは、介護保険サービスだけではありません。自分らしい暮らしを続けていくためには、介護保険以外のサービスも、地域の人たちとのつながりも必要です。

まずはもよりの「地域包括支援センター」へ

介護についてのお困りごとの最初の相談窓口は、もよりの「地域包括支援センター」です。ここは高齢者相談のいわば「よろず相談窓口」。保健師、社会福祉士、ケアマネジャーがいて、健康、地域での支援、介護など、介護と医療についてのさまざまな相談に乗りながら、手続きや専門窓口につなげてくれます。

その際に何もわからないまま相談に行くよりも、パソコンやスマートフォンを使える人はインターネットで自分の自治体のホームページに掲載されている、介護に関する情報をつかんでおくといいでしょう。地域包括支援センターの住所や電話番号も調べることができます。

市区町村のホームページには、ツッコミを入れたくなるようなわかりにくいものも多々ありますが、見慣れるといろんな情報を見つけることができます。市区町村の名称と「介護保険」で検索すると、介護保険制度の最新パンフレットをダウンロードできる自治体も増えてきました。

パソコンやスマートフォンを使えない人は、役所に行くついでに、介護保険の担当窓口（介護保険課という名称が多い）でパンフレットをもらってくるといいでしょう。

現在、入手できるパンフレットは２０１８年の介護保険制度改正実施に合わせて作成されたものので、２０２１年３月までの変更を記しています。２０１９年８月からは65歳以上の高所得者の自己負担の割合が３割になったこと、要介護更新認定の有効期間延長に関して、高額医療合算介護サービス費の自己負担限度額の変更、介護医療院の創設、訪問回数の多いケアプランの届け出などが記載されています。

パンフレットでは細かい図や説明を読むのは後回しにして、まずは申請からの流れをつかむといいでしょう。

介護保険を利用するには？

それでは、介護保険制度について。ここではサービス利用の流れとそのポイントを、Ｑ＆Ａの形でわかりやすくお伝えすることにします。

Q１　**介護保険は何歳から利用できますか？**

A　基本は65歳からですが、老化にともなう「特定疾病」（１１７ページ参照）と呼ばれる16種類の病気をもつ40歳から64歳の人も利用できます。「特定疾病」には、末期のがん、認知症、脳血管疾患、パーキンソン病、関節リウマチなどが含まれます。

Q２　**介護保険証があれば、すぐ介護サービスを受けることができますか？**

A　医療保険と違って、介護保険被保険者証だけでは利用できません。役所の介護保険担当窓口や地域包括支援センターの窓口で、要介護（要支援）認定申請をして、要支援１〜要介護５までの７段階の認定を受けることで、はじめて受けられるようになります。

Q３　**介護保険サービスの申請は、自分で行かないといけませんか？**

A　家族でも申請できます。家族が遠距離にいる場合は、地域包括支援センターの職員が代行することができますので、相談してみましょう。体調が悪かったり入院している場合は、役所に連絡して事情を説明すれば、担当者が自宅や病院に訪問し受けつけてくれます。

Q４　**申請の際、窓口に提出するものはありますか？**

A　65歳以上の人は「介護保険被保険者証」、40歳から64歳までは「医療保険証」の提示を求められます。申請書は窓口に置いてありますが、役所のホームページからもダウンロードできます。　申請書には主治医の氏名・医療機関名・所在地・電話番号を記入する欄がありま すので、誰を「主治医」にしたら本人の様子をいちばん的確に伝えてくれるかを確認しておきましょう。主治医がいない場合は役所で探してくれますが、本人のふだんの様子を知らないため、認定が軽く出る場合も少なくありません。申請時にはこのほか、本人のマイナンバーの写し、申請者の身元確認ができる運転免許証、主治医の情報が確認できる診察券などが必要になります。

Ｑ５　窓口に行けば、申請はすぐできますか？

Ａ　以前は窓口でそのまま申請できましたが、市区町村の「介護予防・日常生活支援総合事業（総合事業）」が始まってからは、すぐには申請できない窓口が増えています。担当者が「要介護認定が必要な人」と「チェックリスト」の人に振り分け、認定よりもチェックリストによる総合事業の対象者に誘導する方向が進んでいるからです。

しかし、「要支援」または「要介護」に認定されなければ、要介護の人が利用できる介護保険サービスや、要支援の人が利用できる介護予防サービスを使うことはできません。専門職による訪問介護やデイサービス、訪問看護などを受けたい人や、福祉用具を使用したい人は「要介護認定を受けたい」とはっきり窓口で告げてください。認定申請をすると、市区町村の担当職員や、役所から委託された訪問調査員が自宅に訪問します。窓口で断られた場合は、都道府県の苦情窓口「介護保険審査会」に申し出て、判断を仰ぎましょう。

Ｑ６　訪問調査ではどういうことをするのですか。その際、気をつけることはありますか？

A　訪問調査では調査員が、心身の状態や日ごろの生活状態などについて聞き取り、動作確認を行います。その際に気をつけたいのは、本人の日常をよく知っている家族などが立ち会い、本人のふだんの生活状態を見てもらうことです。本人はできないことも「できる」と言うことがありますので、本人への聞き取りが終わったあと、本当の状態を調査員に耳打ちしたり、メモを渡したりして、「特記事項」として報告してもらうようしてください。適切な判定には、この「特記事項」と「主治医意見書」がしっかりしていることが大切です。

調査結果はコンピュータに入力され「一次判定」となり、その後、複数の専門家による「二次判定」が行われ、「要支援1・2」「要介護1～5」の7段階の判定が1か月程度で出ます。最近ではコンピュータ判定、「介護認定審査会」による二次判定ともきびしくなっています。認定結果に納得できないときは、認定から60日以内に前述の都道府県の「介護保険審査会」に、再審査を申し立ててください。

Q7　入院中でも認定調査はできますか？

A　できます。退院日が決まったら、要介護認定を申請しましょう。そうすると認定調査員が病院まで来てくれます。帰宅後すぐにサービスの利用を開始したいときは、介護保険担当窓口で「介護保険資格者証」の交付を受けてください。自宅で一刻も早く介護サービスを受けたい場合も同様です。ただし、判定で予想よりも軽い認定結果が出た場合は、判定の支給限度額から超過した分が全額自己負担になるので用心を。入院中は公的医療保険を使っているた

《介護保険サービス利用の手順》

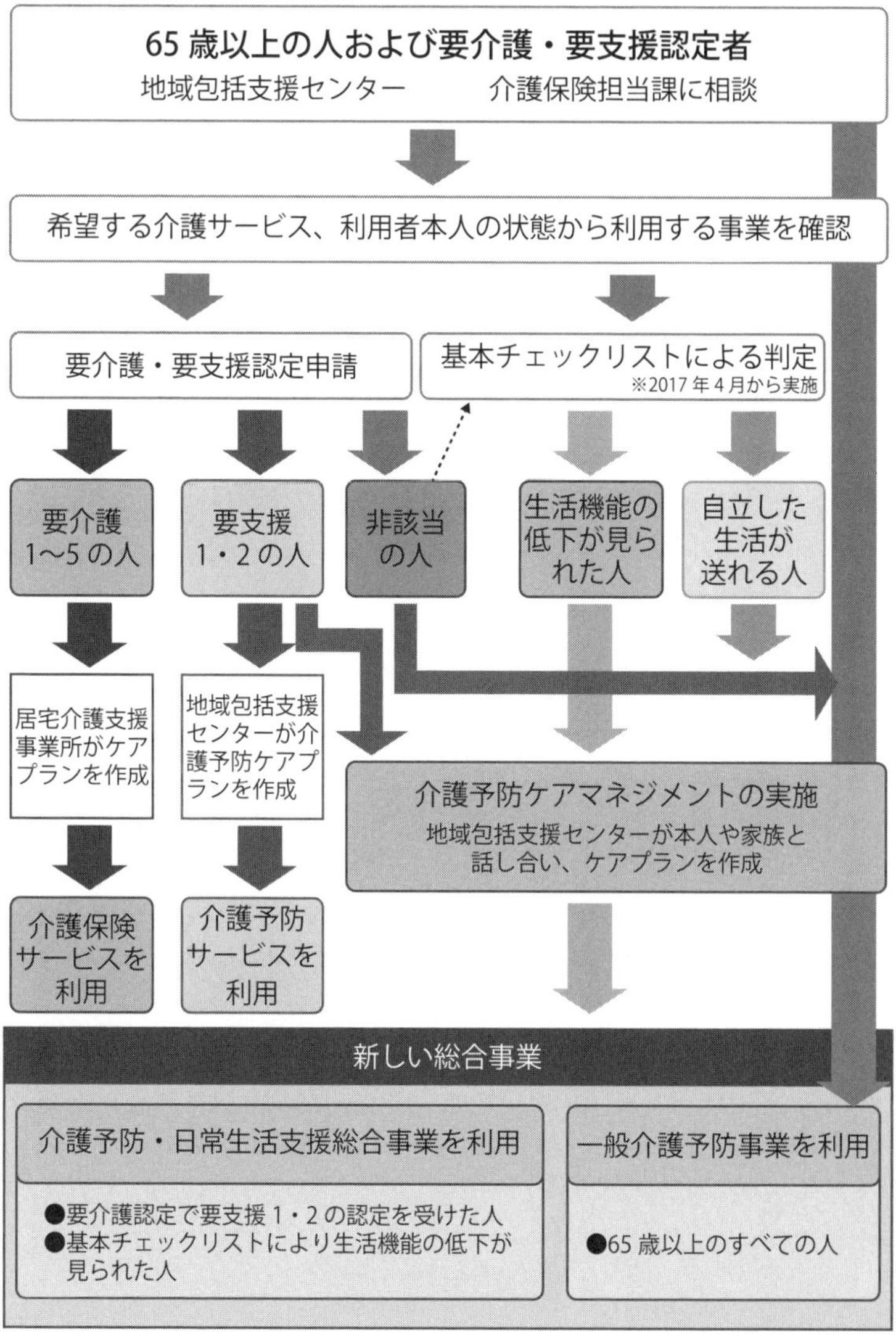

《要介護認定の流れ》

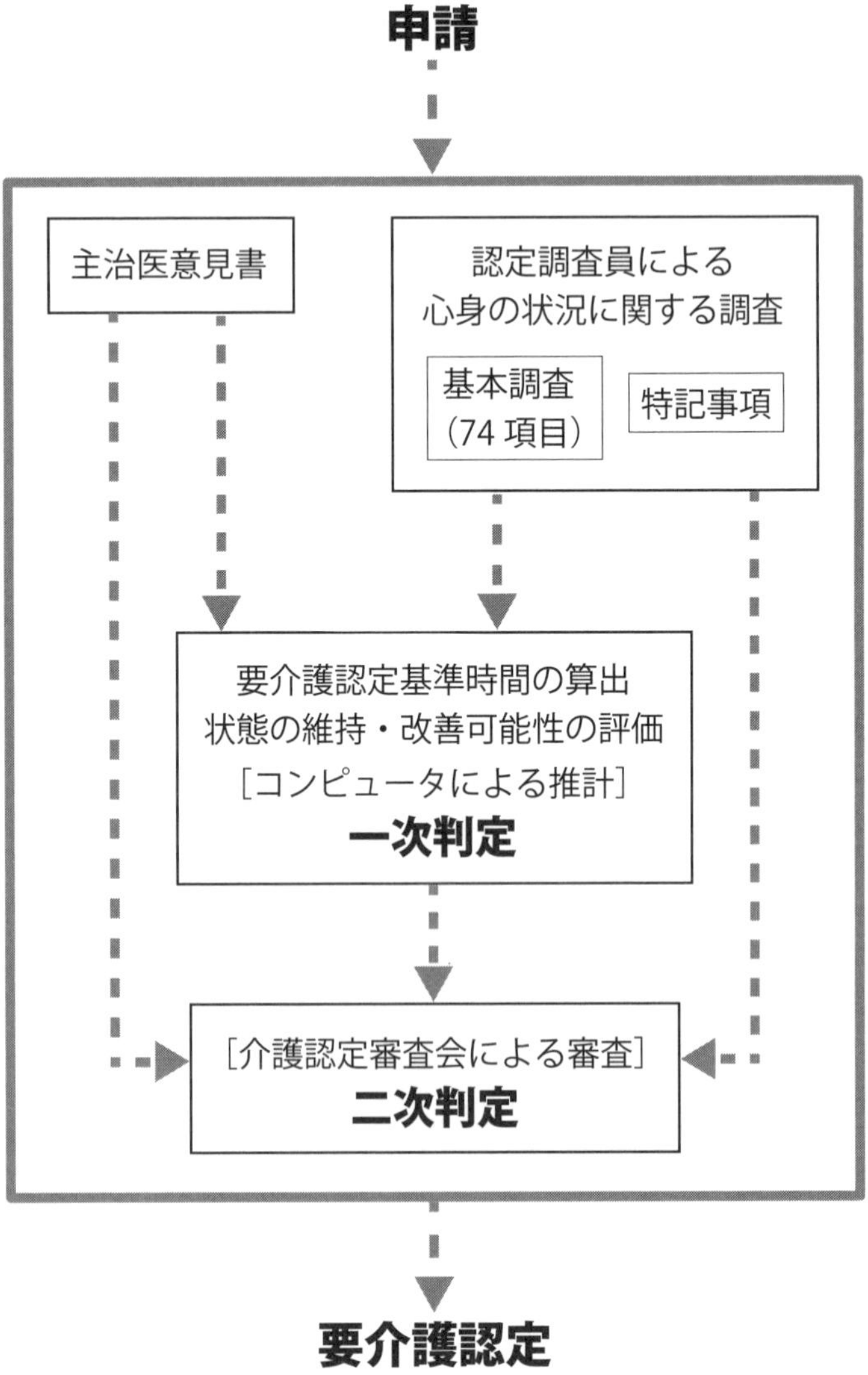
申請
主治医意見書
認定調査員による
心身の状況に関する調査
基本調査
（74 項目）
特記事項
要介護認定基準時間の算出
状態の維持・改善可能性の評価
［コンピュータによる推計］
一次判定
［介護認定審査会による審査］
二次判定
要介護認定

《65歳以上の介護保険利用者負担の割合》

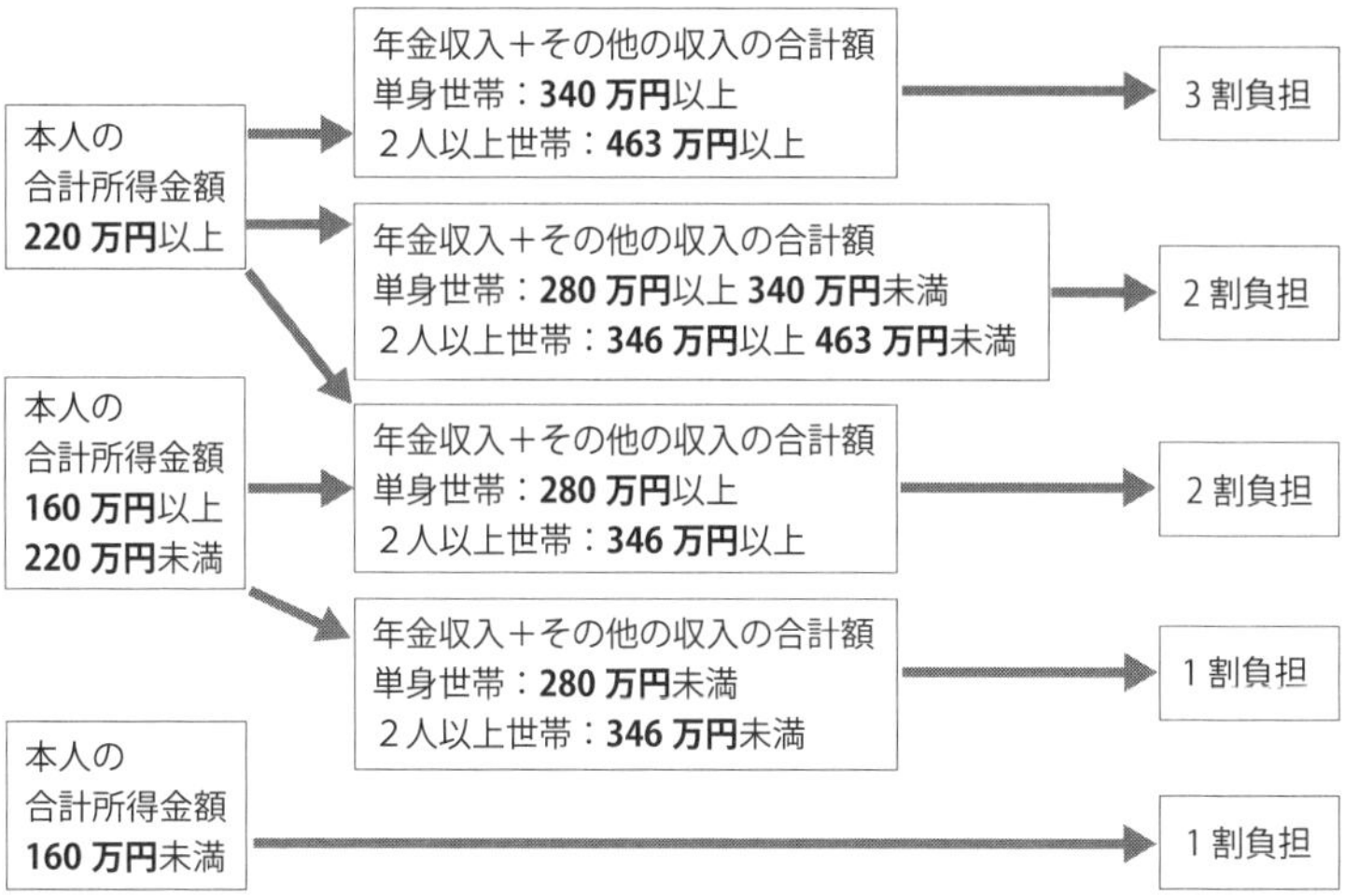

※第2号被保険者（40歳以上65歳未満）、市区町村民税非課税対象者、生活保護受給者は1割負担

め、介護保険は利用できません。２つの保険の同時使用はできないからです。

Q8　要介護認定は一度取得したら、そのままずっと使えるのですか？

A　いいえ、有効期間があります。２０１７年の介護保険制度改定で、新規・変更申請の場合は６〜12か月、更新は心身の状態が一定期間安定しているなどの条件を満たしていれば、有効期限が３年まで延長されるようになりました。有効期間内に重度化したときは、次回の更新時期を待たずに要介護度の変更（区分変更申請）ができます。手続きはケアマネジャーがやってくれます。区分変更をすれば、状態に合ったサービスが利用でき、受けられるサービスの量を増やすこともできますが、要介護の段階が上がるとサービス利用料も高くなるので、使えるお金との兼ね合いが必要です。

Q9　要介護認定が下りたら、介護サービスはすぐ使えますか？

A　いいえ、サービス利用を開始するには、「いつ、どこで、どのようなサービスを、どんな目的で利用するか」を記載したサービス計画書「ケアプラン」を作成し、自治体に提出する必要があります。「要支援1・2」の認定が下りた場合は、地域包括支援センターが「介護予防サービス計画書」の作成を支援し、「要介護1以上」の認定を受けた場合は県知事の指定を受けたケアマネジャーが「介護サービス計画書（ケアプラン）」の作成を支援します。

Q10　介護保険サービスは、いくらまで使えるの？

A　介護保険で利用できるサービスには、7つの要介護段階に応じて、5万30円（要支援1）から36万650円（要介護5）までの支給限度額があり、この上限までは1～3割負担で利用できますが、それを超えた分は自己負担となります。自宅やそれに準ずるサービス付き高齢者住宅（サ高住）などで介護を受ける場合は、支給限度額の上限まで利用する必要はなく、サービスの利用をケアプランでコントロールすることができますが、特別養護老人ホーム（特養）、介護付き有料老人ホーム、認知症グループホーム、介護老人保健施設（老健）などでは、上限までの費用がそのまま請求されます。

Q11　要介護度が決まったら、次はどうしたらいいですか？

A　ケアマネジャーを選びます。基本的には要支援の人は地域包括支援センターのケアマネジャー、要介護の人は自分で選ぶことになっていますが、引き受けてくれるケアマネジャーがいれば要支援でも依頼できます。相談窓口は地域包括支援センターですが、ここでは事業所のリストはもらえても、個別のケアマネジャーは紹介してくれません。「自宅に近い事業所」「認知症や医療に強いケアマネ」「ベテランの多い事業所」などと具体的に聞いてみると、答えてくれることもありますので、情報を得たらまずはいくつかの事業所に電話し、その対応を見ながら実際に訪問し、相談してみるといいでしょう。ケアマネジャーは変えることができますので、コミュニケーションがうまく取れなかったり、仕事が怠慢であれば変更しましょう。ケアマネジャーは長年の伴走者ですから、信頼できる人を選びたいものです。なお、ケアプランは「セルフケアプラン」といって自分で作成することもできます。

３つの「知る」で余分なお金をかけないケアを

ケアマネジャーが決まったら、次にするのは利用できる支給限度額を見ながら、ケアマネジャーと一緒にケアプランを立てることです。同じ介護保険によるサービスですが、「要支援１・２」の人が使えるのは、要介護状態になるのを防ぐ「介護予防サービス」で、利用できる回数に制限があります。ここではわかりやすいように「介護予防サービス」も「介護保険サービス」と

《認定とサービスの目安》

軽度 → 重度

区分	要介護・要支援認定の目安	利用できる在宅サービスの目安	1か月の支給限度額 自己負担額（1割）
要支援1	**日常生活の一部について介助を必要とする** 食事や排泄などはほぼひとりでできるが、立ち上がりや片足での立位保持などの動作に何らかの支えを必要とすることがある。	**週2〜3回のサービス** ・週1回の介護予防訪問介護 ・介護予防通所系サービス	50,030円 5,003円
要支援2	**生活の一部について部分的に介護を必要とする** 食事や排泄はひとりでできるが、ときどき介助が必要な場合がある。この状態に該当する人のうち、適切な介護予防サービスの利用により、状態の維持や、改善が見込まれる人については要支援2と認定される。	**週3〜4回程度のサービス** ・週2回の介護予防訪問介護 ・介護予防通所系サービス	104,730円 10,473円
要介護1		**1日1回程度のサービス** ・週3回の訪問介護 ・週1回の訪問看護 ・週2回の通所系サービス	166,920円 16,692円
要介護2	**軽度の介護を必要とする** 食事や排泄に何らかの介助を必要とすることがある。立ち上がりや片足での立位保持、歩行などに何らかの支えが必要。	**1日1〜2回程度のサービス** ・週3回の訪問介護 ・週1回の訪問看護 ・週3回の通所系サービス	196,160円 19,616円
要介護3	**中等度の介護を必要とする** 食事や排泄に一部介助が必要。立ち上がりや片足での立位保持などがひとりでできない。	**1日2回程度のサービス** ・週2回の訪問介護 ・週1回の訪問看護 ・毎日1回、夜間の巡回型訪問介護	269,310円 26,931円
要介護4	**重度の介護を必要とする** 食事に一部介助が必要で、排泄、入浴、衣服の着脱には全面的な介助が必要。立ち上がりや両足での立位保持がひとりではほとんどできない。	**1日2〜3回程度のサービス** ・週6回の訪問介護 ・週2回の訪問看護 ・毎日1回、夜間の巡回型訪問介護	308,060円 30,806円
要介護5	**最重度の介護を必要とする** 食事や排泄がひとりでできないなど、日常生活を遂行する能力が著しく低下している。意思の伝達も困難。	**1日3〜4回程度のサービス** ・週5回の訪問介護 ・週2回の訪問看護 ・毎日2回、早朝夜間の巡回型訪問介護	360,650円 36,065円

してお伝えします。

介護保険サービスは、「居宅介護サービス」「施設サービス」「地域密着型サービス」の3つに分けられます。自宅で利用できる「居宅介護サービス」で、もっとも利用が多いのはホームヘルパーによる「訪問介護」と、施設に通って食事や入浴、レクリエーションなどをする「通所介護」のデイサービスです。

具体的な介護保険サービスについては、このあと取り上げていきますが、利用者本人の希望やからだの状態、家族の要望も含め、短期と長期の目標を立てながら、多様なサービスを組み立てていくのがケアプラン（サービス計画）です。必要なサービスは個々の利用者によって違いますから、医療費や家計の状態、家族の現状も考慮しながら、ケアマネジャーと相談していくといいでしょう。

施設にもケアマネジャーがいてケアプランを立てますが、施設では介護保険サービスの支給限度額いっぱいまで使われるため、計画書は非常にシンプルです。いっぽう自宅では、介護を受ける人の状態、要望、使えるお金などを考えながらケアプランをつくります。限度額まで使う必要はありませんので、余分なケアプランを組まないよう、本人はもちろん、介護家族・介護者もしっかり参加していく必要があります。

居宅介護サービスのケアプランは自分でもつくれます。ケアプランを自分でつくろうという人たちが集まって、介護保険制度が始まった直後にスタートしたのが「全国マイケアプラン・ネットワーク」。代表の島村八重子さんによると、会員のなかにはすべて自己作成をしている人も、ケアマネジャーと一緒にケアプランを立てている人もいますが、いちばん多いのは、ケアマネジャーに情報をもらい、希望を伝えて作成してもらう人だとか。どんな方法を選んでも、介護が必要になったとき「自分らしい暮らし」を実現することがゴールです。

介護を受けるのは、人生のなかではわずかな期間です。それまでのあいだに、ご近所さんや地域の人、友人、ラジオ体操の仲間など、人生でのつながりをもつ人たちがいます。その人たちも含め、制度に縛られないケアプランを考えていくことで、余計なサービスを選ぶことがなくなってくると、島村さんは言います。

「自分を知る」「地域を知る」「介護保険制度を知る」――この3つの「知る」を心がけることで、家族や自分に介護が必要になっても、お金を必要以上にかけず、自分らしい暮らしを続けていくことをスタートできます。人生100年時代のケアへの本格的な準備は、ここから始まるといってもいいでしょう。

●全国マイケアプラン・ネットワーク
http://www.mycareplan-net.com/

介護保険サービスにかかるお金の目安

　では、自宅で介護をする際、よく利用される介護保険サービスの内容と、かかるお金をざっくりと見てみましょう。実際の料金にはこれにいくつかの「加算」がプラスされるので、少し割高になり、事業所によって料金も異なります。

■訪問介護（ヘルパー）

　自宅を訪問したヘルパーが、利用者を手助けするサービスです。買い物や料理、洗濯などの「生活援助」と、排泄、おむつ交換、からだの清拭《せいしき》、自宅の風呂での入浴などの「身体介護」があり、かかる料金が異なります。「生活援助」は１時間約２３００円、「身体介護」は１時間約４２００円で、両方を組み合わせた場合は１時間約３３００円（すべて日中の料金。早朝と夜間は割増）で、その１〜３割を支払います。

■通所介護（デイサービス・デイケア）

　自宅からデイサービスやデイケアに利用者を送迎し、食事、入浴、リハビリ、レクリエーションなどを行います。料金は利用時間と要介護度によって異なり、たとえば要介護１で６〜７時間の場合は１日約５８００円、同じ時間で要介護５だと同約１万円となり、その１〜３割を支払います。理学療法士によるリハビリを受けるデイケアは、これよりも多少、割高になっています。いずれも食事代とおやつ代は自費で、これに６００〜７００円が加わります。要支援の人はいずれも定額の支払いで、デイサービスの場合、要支援１（週１回程度）は月約１６５０

円、要支援2（週2回程度）は月約3400円の1～3割を支払います。

■訪問看護

病気やケガなど医療の必要な人に、看護師が自宅を訪問。健康状態の観察や、床ずれ（褥瘡）や湿疹などの手当て、人工肛門や人工膀胱の管理、点滴の管理、人工呼吸器の管理のほか、入浴や排泄の介助、福祉用具やおむつの相談、マッサージやリハビリも行い、本人や家族の相談役にもなります。

訪問看護の基本は介護保険ですが、訪問の回数を増やさなければならない場合は医療保険に切り換えることができます。ただし、2つの保険の併用はできません。訪問には主治医からの「指示書」が必要です。介護保険での利用は1回20分未満（約3300円）から1時間以上1時間30分未満（約1万2000円）までの4段階があり、早朝と夜間は25％の加算、深夜は50％の割増がつきます。支払うのはその1～3割です。

■訪問リハビリ

理学療法士や作業療法士が自宅を訪問し、起き上がりや歩行などの基本動作や体操、作業などを通じてリハビリを行い、食事、着替え、トイレなどが自分でできるように支援します。脳卒中で半身麻痺が残った人や、骨折をした人、腰痛や膝に痛みのある人、寝たきりの人、さらに認知症の人の機能回復にも利用されています。訪問看護と同様、基本は介護保険で「医師の指示書」が必要です。介護保険での利用料は20分約3000円の1～3割負担。週60分までの利用が可能なので、まとめて利用する人もいます。

■**訪問入浴**

自宅で入浴が困難になった人に対し、介護職員と看護師が自宅を訪問して専用の浴槽を使って入浴を行います。要介護の人の料金は１回約１万５０００円、要支援の人は同約１万円で、その１～３割を払います。

■**ショートステイ**

家族に休息が必要なときや冠婚葬祭などの外出時、家族が病気で介護ができないときなどに、1日から30日まで利用できます。料金は施設の規模や部屋（多床室か個室かなど）の種類と要介護度によって変わってきますが、従来型個室の要介護１は１日約７０００円、要介護５は１日約９０００円の１～３割負担。これに加え、食費が１日２０００円程度、居住費が同２０００円程度加わるので、１割負担の人は１日５０００円程度の支払いとなります。

年金の少ない「住民税非課税世帯」（自治体によって異なりますが、65歳以上は単身で年収１５０万円程度、２人以上で２００万円程度以下）の利用者には食費と居住費の減免制度がありますので、介護保険サービスを利用している本人が「非課税世帯」かどうかを調べておきましょう。なお、利用日数はホテルと違い１日単位。３泊４日でも４日分となります。

■**福祉用具レンタル**

自宅での介護で、本人の日常生活をスムースに、介護者の負担を軽減するのが福祉用具です。

手すりやベッド、車いすなど、介護保険で利用できる福祉用具が数多くあります。要支援から使えるのは、手すり、段差を解消するスロープ、歩行器など。要介護2以上では車いす、介護ベッド（特殊寝台）とその付属品、移動用リフトなどが利用できます。料金は手すり、歩行器が月2000円程度から、スロープ、車いすが3000円程度から、介護ベッドが6000円程度から、移動用リフトは9000円程度から。その1〜3割を支払いますが、事業所によって料金が違います。

■**住宅改修**

要支援1以上の人は、介護保険で住宅改修もできます。「居宅介護住宅改修費」の支給限度額は20万円。負担額に応じ、かかった費用の7割から9割が戻ります。改修できるのは、①手すりの取り付け、②段差や傾斜の解消、③滑りの防止、床材の張り替え、④扉の取り替え・新設、⑤和式便器から洋式便器への取り替え、⑥それらに付随する工事の6項目。20万円の範囲なら何度も使え、引っ越しをした場合や、要介護度が3段階上がったときには、限度額の支給を再度申請できます。実費での住宅改修と合わせて利用する人も少なくありません。

■**自治体独自の「地域密着型サービス」**

このほか、市区町村が監督する「地域密着型サービス」と呼ばれるケアがあります。通常の訪問介護ではできない夜間のおむつ替えなどが必要な人には「夜間対応型訪問介護」（基本料金は月額約1万円、定期巡回1回につき約4000円、随時訪問1回につき約6000円の1〜

３割）がありますし、夜間も含め１日に何回かサービスが必要な人には「定期巡回・随時対応型訪問介護看護」（１か月、要介護１で約６万円～要介護５で約２万６０００円の１～３割）があります。ただ、このサービスは自治体によっては実施していないこともありますので、地域包括支援センターなどに問い合わせてください。

自治体独自のデイサービスとしては、定員18名以下の小規模なデイサービス「地域密着型通所介護」（７～８時間、要介護１で１回８０００円～要介護５で約１万５０００円の１～３割）と、認知症の人を対象としたデイサービス「認知症対応型通所介護」（７～８時間、要介護１で１回約１万円～要介護５で約１万４０００円の１～３割）があります。人数の少ないデイサービスのほうが本人が落ち着けたり、認知症の人に特化したデイサービスを希望する場合、選択肢のひとつとなります。

さらに、少人数の利用者がデイサービスのように日中通い、必要なときには宿泊ができ、ヘルパーが自宅にも訪問するという３つの機能をもった「小規模多機能型居宅介護」（１か月、要支援１で約４０００円～要介護５で約３万３０００円）は、とくに認知症の人やひとり暮らしの人には心強い施設です。吸痰などの医療サービスが必要な人には「看護小規模多機能型居宅介護（通称、カンタキ）」（１か月、要介護１で約１万５０００円～要介護５で約３万８０００円）もありますが、こちらはまだまだ数が少ない状態です。いずれも支払うのはその１～３割です。

なお、この2つの小規模多機能型施設の料金は介護保険の適用を受けますが、介護保険サービスとの併用ができないため、どちらかを選ばなければなりません。ケアマネジャーも変わってしまいますが、いい事業者を見つけることができれば、「なじみの関係」が築ける使い勝手のいい施設ですので、とくに認知症の人の選択肢のひとつとして考えてみてください。

■通院の負担を減らす介護保険タクシー

通院などに車いすが必要だったり、ひとりで公共機関を利用できない要介護1以上の人は、通称「介護保険タクシー」と呼ばれる移動手段を利用することができます。介護保険適用としてケアプランに組み入れることができるのは、通院や、補装具・補聴器・メガネなど本人以外ではわからない調整や買い物、預金引き下ろし、選挙投票、公的機関での申請や届け出で、それ以外の目的での利用は同じ車両でも自費の「介護タクシー」となります。

「介護保険タクシー」を利用できるのは、①要介護認定を受けた要介護1以上の人、②公共交通機関をひとりで利用できない人、③ケアマネジャーが必要と判断し、ケアプランに盛り込んでいる人、④自宅、有料老人ホーム、サ高住など「在宅」とされる住居に住んでいる人（特養や老健などの介護保険施設の入居者は対象にならない）です。

介護保険タクシーでは、介護資格をもつ運転スタッフが自宅に迎えに来て、必要に応じて着替え、乗車介助から、目的の場所での介助、帰宅、室内への移動介助、おむつ交換なども手助けします。介助がなく見守りだけの場合は、介護保険タクシーは利用できません。使われる車両は、車いすから降りることなく乗車できるタイプが一般的です。

また、介護保険での介助サービスがついているため、家族の同乗は原則として認められないなどさまざまな条件があります。料金も事業所ごとに違いますので、良心的な事業所をケアマネジャーに紹介してもらってください。市区町村によっては自費分の料金を割引する「福祉タクシーチケット」や、予約・送迎料を無料にする「車いす補助券」、迎車とストレッチャーを無料にする「ストレッチャー補助券」などを発行しているところもありますので、問い合わせてみましょう。

料金は介護保険を利用するしないにかかわらず、2通りです。①時間制運賃（例、30分ごと1000円、または30分500円＋以降30分ごとに2000円など）、②距離制運賃（例、2キロメートル710円＋1キロメートルごと300円、迎車含む）など。これに迎車料金（初乗り運賃が多い）、予約料（1回につき400円程度）、車いすやストレッチャーなどが必要な場合は備品使用料がかかります。インターネットでお住まいの市区町村名と「介護タクシー」のキーワードで検索すると、料金の目安がわかります。

介助にかかる費用のみが介護保険の適用（自己負担1割の場合1回約100円、行き＋帰りで2回）となりますので、介助のいらない人は、制限なく利用できる自費での利用のほうが使い勝手がいいかもしれません。介護保険タクシー、介護タクシーとも予約制で、事業所によっては登録料や予約料が取られる場合もあります。移送送迎サービス全般については142ページを参照ください。

自治体の独自サービスも利用する

介護で利用できるサービスは、介護保険サービスだけではありません。お住まいの市区町村には「その他の高齢者福祉サービス」といった名称の自治体独自の福祉サービス（横出しサービス）があり、介護保険サービスと組み合わせることで負担を減らすことができます。ただ、同じ内容のサービスでも自治体によって名称が異なることがあります。

料金は無料の場合も、利用者の一部自己負担が生じる場合もあり、対象も要介護者から介護保険対象外の高齢者まで、自治体によって異なります。サービスの種類にも格差がありますので、市区町村のホームページや市区町村が発行する介護保険のパンフレットで、自分が住むまち独自のサービスをチェックし、利用できるサービスがあるかどうかをケアマネジャーにも相談してみましょう。

97ページに、多くの自治体で取り上げているサービスをまとめて紹介しました。内容は自治体によって格差が大きく、独自のサービスが少ないところもあります。「混合介護」や、自費での介護関係サービスについては、第4章で取り上げます。

在宅ケアでは「チーム」をつくる

介護が始まっても、いきなり介護度が重くなるわけではありません。認知症や慢性疾患の症状はゆるやかに進むことがありますし、脳卒中や骨折などいきなりやってくる病気やケガでも、退院後、介護保険サービスや在宅医療を利用して適切なリハビリを続けることで、機能が回復してくることは多いものです。

そうした意味で「制度を知る」ことはとても大切ですが、もうひとつ知っておいていただきたいのが、本人を支える医療と介護の「チーム」の重要さです。チームなどというとおおげさに聞こえますが、本人とケアマネジャーと介護家族だけであっても「チーム」です。つまり、一緒にケアにかかわる「仲間」をつくり、メンバーを増やしていくという考え方です。

チームにはケアの専門職だけではなく、友人やご近所さんも巻き込んでいくといいと思います。

在宅チーム――私の場合

「チーム」をつくることの必要性を学んだのは、認知症になったひとり暮らしの友人の介護を通じてでした。最初はケアマネジャーとの二人三脚です。「ヘルパーなんかいらない」「デイになんて行きたくない」と介護サービスを拒否し続ける友人をケアマネジャーが根気よく説得し、ヘル

■自治体によってはこんなサービスも

鍼灸マッサージの施術代助成、電磁調理器の購入助成、電話による安心コール、認知症の人の見守りサービス、病気やケガで一時的に車いすを必要とする人への車いす貸し出しサービス、豪雪地帯では雪下ろしのサービスがある自治体もあります。

■住民参加型有償サービス

全国の社会福祉協議会（社協）の多くは、「ふれあいサービス」などの名称で住民参加型の在宅福祉（助け合い）サービス事業を行っています。登録ボランティア（協力会員）が、掃除、洗濯、買い物、食事づくりなどの「家事支援」をするほか、ゴミ出しや産前産後の安静時に家族が家事をできない人の産前産後生活支援、見守り、話し相手、草取りなどの「生活支援」、散歩、買い物、通院/通学、学校行事、趣味などの「外出支援」を行います。

料金は地域によって異なりますが１時間600～1,300円程度。利用するには年会費や月会費を求められることもあり、ボランティアベースなので希望に沿えない場合もあります。もともと地域で活動してきたNPOなど住民型有償サービスを行ってきた団体とネットワークしたり、自治体の事業となった「介護予防・日常生活支援総合事業（総合事業)」を委託されている場合もあります。

また、シルバー人材センターでは、60歳以上のシニアが有償ボランティアで屋内の清掃、除草、家事援助サービスなどを行います。人材がいれば庭木の剪定、大工、襖・障子の張り替えなども頼めますが、高齢者の就業なので軽作業が中心となります。料金は地域によって異なり、家事援助が1時間1,000～1,500円程度、襖・障子の張り替えが１枚3,000～4000円程度、除草・草刈りが１日8,000～１万3,000円程度です。

住民参加型有償サービスについては、もよりの社協、シルバー人材センター、地域包括支援センターに問い合わせてください。

●社会福祉法人　全国社会福祉協議会
https://www.shakyo.or.jp/

●全国シルバー人材センター事業協会（もよりのセンターも探せます）
http://www.zsjc.or.jp/

自治体の独自サービス

■紙おむつ支給・購入費助成サービス

在宅で紙おむつを必要とする高齢の人に、紙おむつなどを現物支給したり、購入費を助成したりするサービスです。条件は自治体によって異なりますが、おむつの使用量が多い人には嬉しいサービスです。

■配食サービス

ひとり暮らしの高齢者や高齢者・障害者世帯で、食事づくりが困難な場合、昼食や夕食を自宅に届けるサービスです。全国のほとんどの自治体が実施しています。

■寝具の丸洗い・乾燥・消毒サービス

ひとり暮らし高齢者や身体が虚弱な高齢者世帯で、寝具の衛生管理が困難な人を対象に、寝具（おもに掛け布団、毛布、敷布団各１枚で１セット）の丸洗い、乾燥、消毒を、寝具乾燥消毒車を自宅に配車して実施するサービスです。

■訪問理美容サービス

外出困難な人に理髪店、美容院から訪問し、髪のカットなどを行います。

■移送、送迎サービス

からだの不自由な人を対象に、自宅から病院や高齢者福祉施設までの送迎を行うサービスです。寝たまま、または車いすに乗ったまま利用できる移送サービスもあります。

■緊急通報システムの貸し出し

自宅で急病や事故などの緊急事態が起こったときに備え、通報システムの貸与を行います。緊急時に装置の「緊急（非常）ボタン」やペンダント型の発信機のボタンを押せば、救急車などにつながります。最近はセンサー付きの機器を貸し出す自治体も出てきました。

■住宅改修支援および階段昇降機などの設置費助成

自治体独自の助成で、介護保険サービスの住宅改修に上乗せして利用できるサービスです。対象となる人も助成の額も、自治体によって大きく異なりますので、リフォームを行う場合は、この制度を知ってうまく利用するといいでしょう。

パーになんとか入ってもらうことからスタートしました。しかし、介護サービスだけでは介護の負担を軽減するには十分ではありません。

そこで私と彼女の共通の友人5人に声をかけ、食事などに連れ出したり、遊びに来てくれるように頼みました。友人のひとりにはアルバイトで週1日一緒に過ごしてもらうことを頼み、両隣とお向かいのご近所さんには私の電話番号を渡し、それとなく「見守り」をお願いしました。

この「介護者+ケアマネジャー+ヘルパー+友人+ご近所さん」というチームができたことをきっかけに、友人の認知症の進行に沿ってメンバーを増やしていきました。彼女もいろんな人が家を訪ねてくれることで安心したのか、私への依存もだんだん減っていきました。

当時は認知症に関する情報が少なかったこともあり、いいかかりつけ医が見つからないままに来ましたが、心筋症での入院をきっかけに彼女の認知症が進行し、拒食などの問題が起こったため、相談できる認知症の専門医を真剣に探し始めました。知人の紹介で認知症を専門にする精神科医が見つかったことで、私とケアマネジャーは医師と電話やメールで相談ができるようになり、ようやく介護と医療がつながりました。

友人の自宅生活は8年間続きました。デイサービスは何度か試したもののなじまず、認知症の進行とともに外出をしないようになったことから、ケアマネジャーの提案で訪問リハビリを週1回入れ、体操や散歩をしてもらうことにしました。

認知症が進行すると、それまで通院していた医療機関への通院を本人が嫌がることもよくあります。友人も2か月に1度の認知症専門医への通院は、イケメン医師が気に入っていたためかなんとか続いていましたが、風邪を引いたときなどに通院していた近所の診療所には、だんだん行きたがらなくなりました。

そこで、訪問リハビリを依頼していたクリニックが内科の訪問診療もしていたため、初めて訪問診療を利用することにしました。訪問診療医には認知症専門医と連携してもらい、チームは「介護者＋ケアマネジャー＋ヘルパー＋訪問リハビリ（理学療法士）＋認知症専門医＋訪問診療医＋友人＋ご近所さん」にまで成長しました。このチームでの自宅生活最後の2年間は、彼女にとっていちばん穏やかな時期になったと思います。

在宅チームのつくり方

友人の介護にかかわるなかで、在宅医療について知りたいと、地域での講座活動の企画に参加するようになりました。講座に加えてシンポジウムなどを催した際、登壇者として必ず加わってもらったのが介護家族です。２０１3年に出版した『おひとりさまでも最期まで在宅』（築地書館）の取材では訪問診療医などに同行をお願いし、２００軒近くのお宅を訪問しましたが、そこで感じたのも「チーム」の大切さでした。

在宅医療というのは、病院や診療所、歯科医などに通院できなくなったとき、医師や看護師、歯科医、リハビリ専門職などが自宅に訪問してくれる仕組みです。医師や歯科医が自宅に月1回

《チームで支える在宅医療》

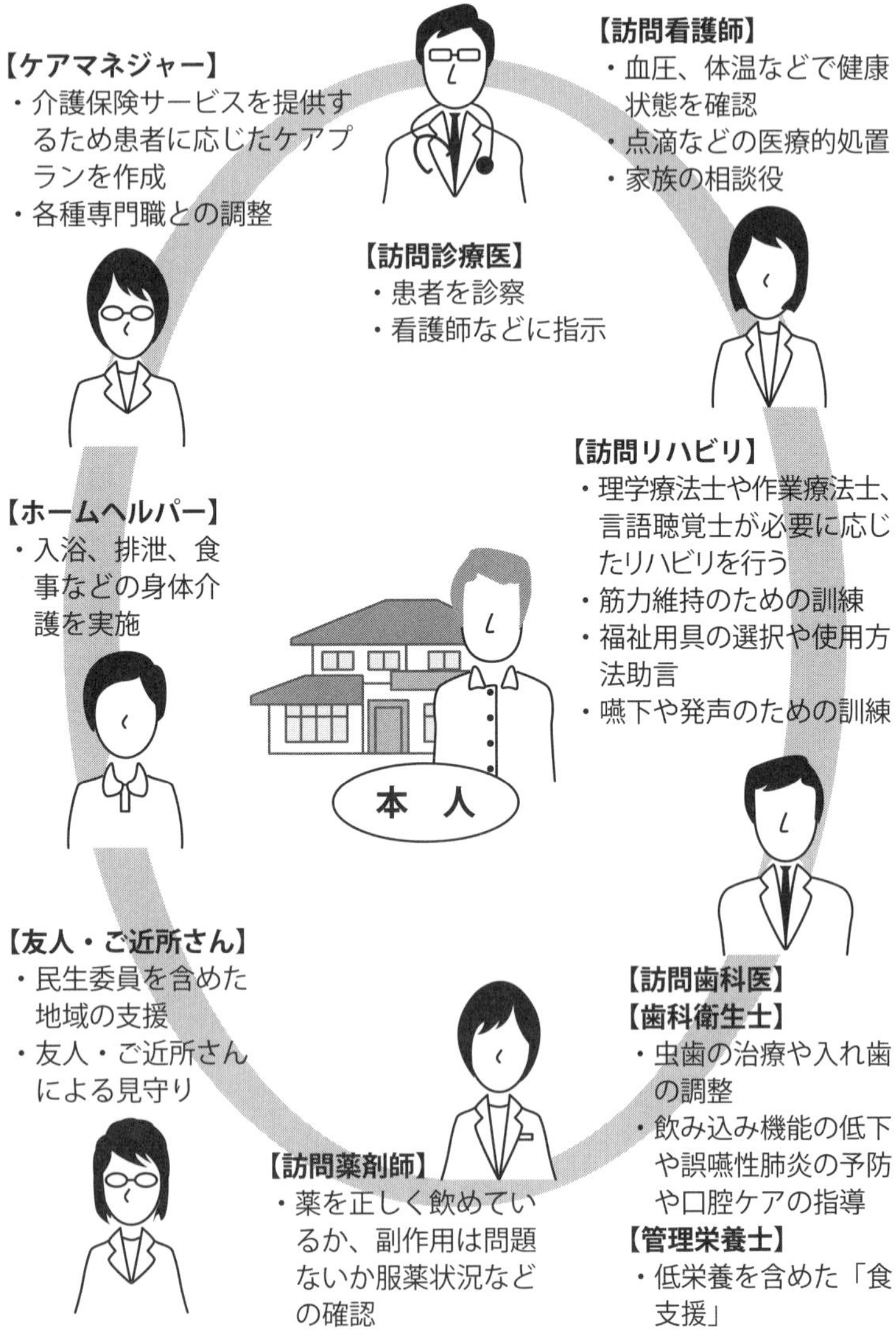
【ケアマネジャー】
・介護保険サービスを提供するため患者に応じたケアプランを作成
・各種専門職との調整
【訪問診療医】
・患者を診察
・看護師などに指示
【訪問看護師】
・血圧、体温などで健康状態を確認
・点滴などの医療的処置
・家族の相談役
【訪問リハビリ】
・理学療法士や作業療法士、言語聴覚士が必要に応じたリハビリを行う
・筋力維持のための訓練
・福祉用具の選択や使用方法助言
・嚥下や発声のための訓練
【ホームヘルパー】
・入浴、排泄、食事などの身体介護を実施
本　人
【友人・ご近所さん】
・民生委員を含めた地域の支援
・友人・ご近所さんによる見守り
【訪問薬剤師】
・薬を正しく飲めているか、副作用は問題ないか服薬状況などの確認
【訪問歯科医】
【歯科衛生士】
・虫歯の治療や入れ歯の調整
・飲み込み機能の低下や誤嚥性肺炎の予防や口腔ケアの指導
【管理栄養士】
・低栄養を含めた「食支援」

以上定期的に訪問する「訪問診療」「訪問歯科」は医療保険での支払いとなりますが、医師からの指示書があれば、訪問看護や訪問リハビリなどいくつかの訪問ケアが介護保険で利用できます。

友人の場合、利用したのは訪問リハビリだけでしたが、介護保険による医療職の訪問ケアには、歯科衛生士（月4回まで。1割負担で1回350円程度）、訪問薬剤師（月4回まで。1割負担で1回500円程度）、管理栄養士（月2回まで。1割負担で1回530円程度）による訪問もあり、介護保険サービスで口腔ケア、服薬指導、栄養指導をしてくれます。

一例を挙げましょう。脳梗塞の後遺症で半身がうまく動かない要介護3の順次さん（86歳・仮名）と、膝が悪く要介護1の妻の弘子さん（85歳）は老々介護生活を送っています。子どもたちは遠方なので、ケアマネジャーに手助けしてもらい、弘子さんが自分と順次さんの面倒をみています。弘子さんは「ヘルパー＋デイサービス」、順次さんは「デイケア＋訪問リハビリ」の介護保険サービスを受けるほか、順次さんは血栓ができにくくなる薬などをもらうため、弘子さんは膝と高血圧症の治療のために、歩いて15分ほど離れた整形外科と内科クリニックに月1回通院していました。

しかし、2人とも通院が困難になってきたため、ケアマネジャーの助言で訪問診療を入れることにしました。経過観察として訪問診療は月1回、薬は以前から利用していた薬局が、2人分を自宅に届けてくれることになりました。

高齢者では薬の多剤服用が問題になっています。多い人では1回20錠以上が処方されたり、内科、整形外科、歯科など別の診療所から同じ薬をもらってくる人も少なくありません。飲み忘れなど薬をうまく服用できていない人もいます。

訪問薬剤師は、ひとり暮らしの人や老々夫婦、介護に家族の手が回らない家を訪問し、薬の整理や一包化のほか、薬の飲み方を考えたり、お薬カレンダーなどに薬を入れたりしながら、薬はうまく効いているか、副作用がないかなどをチェックします。順次さんと弘子さんには薬の整理は必要ありませんでしたが、薬が飲みにくくなったと聞いた薬剤師は薬を一包化し、飲み忘れを防ぐためのお薬ケースも提案しました。

「チーム」をつくれば、こんなケアもできる

そのうちに順次さんに「歯がうまく磨けない」「痩せてきた」などの問題が出てきたので、ケアマネジャーが訪問診療医に相談をすると、歯科衛生士と管理栄養士による「口腔ケア＋栄養指導」を入れたらどうか、という助言を受けました。口腔ケアには「清潔な口」と「動く口」をつくり、「食べられる口」にするという目的があります。

しかし、病気でからだの機能が低下すると、歯だけではなく口の中全体の清潔が保てなくなり、順次さんのような脳卒中の後遺症のある人は、麻痺のある側の舌や口蓋に痰が付着して、さまざまな感染症を起こしやすくなってきます。

さらに、噛む、咀嚼する、飲み込むという口の機能が低下すると、食事が摂れなくなるばかり

か言葉も不明瞭になり、誤嚥性肺炎の原因となることもあります。歯がうまく磨けない人や、咀嚼・飲み込みなどの機能が低下した人に利用していただきたいのが、歯科衛生士による介護保険サービスでの「口腔ケア」です。

そして、「栄養」の問題。栄養指導では腎臓病や糖尿病、高血圧などの食事指導が知られていますが、高齢者にとっての大きな問題は「低栄養」と「嚥下機能障害」です。こうした人の栄養状態と食事バランス、からだの状態をもとに、調理指導、栄養補助食品や介護食品の紹介をするのが管理栄養士です。これも介護保険のサービスで入れることができます。

この２人の専門職が入ったことで、順次さんには「弘子さん（主介護者）＋ケアマネジャー＋デイケア＋訪問リハビリ＋訪問診療医＋訪問薬剤師＋歯科衛生士＋管理栄養士」というチームができました。順次さんには囲碁仲間もいて、ときどき車で外に連れ出してくれます。

介護保険制度では、新規でケアプランを組んだときや認定の更新、区分変更など、何か変化があってプランを修正するときには、ケアマネジャーがチーム全員の事業所・医療機関に呼びかけ、介護されている本人と家族・介護者を含めた「ケアカンファレンス（ケア会議）」を開くことが義務づけられています。

新しいチームの初顔合わせで、歯科衛生士と管理栄養士、そして以前から担当していたリハビリの理学療法士が順次さんの「食べられる口」を、協力してつくっていくことになりました。多くの職種が一堂に会すケアカンファレンスは、本人や家族にとっては、どういう人たちがどんな役割で自分たちのケアを支えているのかを確認できる機会です。

実際には多忙な専門職が集まるのは難しく、書面のやりとりで済ますことも多いそうですが、本人・家族にとっては誰がどんなふうにケアにかかわっているのかを確認できる場。専門職にとっては本人と家族を目の前にしながら、「チームの一員」として本人に関する情報を他の職種と共有できる機会です。実際に集まる機会をできるだけつくってほしいものです。

民生委員もチームの一員に

地域には「民生・児童委員」という身近な相談役もいます。民生委員は厚生労働省から委託され全国に約23万人いる福祉ボランティアで、特定の地区を担当し、高齢者などの福祉に関する相談に乗ったり、情報提供をしたり、支援の窓口になったりします。とくにひとり暮らしで生活に不安が出てきたら、地域包括支援センターと相談し、顔なじみになってください。民生委員は見守りも含め、いろんな手助けをしてくれます。

地方のまちで妻を亡くしてひとり暮らしをしている武夫さん（92歳）は、85歳を過ぎてからひとりではできないことが増えてきました。たとえば、道路から自宅までの私道10メートルの雪かき。年に数回、20センチ以上の雪が積もると、車を出すことができません。近所に住む民生委員の山口さんがそんな武夫さんの話を聞き、仕事用の小型ブルドーザーを使ってボランティアで地域の雪かきをしている、建設会社の社長を紹介してくれました。

駐車時に車をこすることが多くなった武夫さんは、できれば運転もやめたいと思っていましたが、買い物はヘルパーに頼むにしても、運転をやめると月1回の通院や散髪に行く足がありません。毎回、少々複雑な自宅までの道筋を説明する必要があるため、タクシーを頼むのがおっくうだと山口さんに相談すると、福祉タクシー事業所を運営する人を紹介してくれました。顔なじみの運転手が目的の場所まで送迎してくれると聞き、運転をやめる決心がつきました。

山口さんはときどき電話をくれたり、自宅に立ち寄ったりしてくれるので、武夫さんは「ゴミ出しがきつくなった」「庭の草取りを誰かに頼めないか」というようなことも相談するようになりました。

民生委員が全員、山口さんのような人だとは限りませんが、とくにひとり暮らしの親が郷里にいる人は、住民と行政をつなぐ民生委員を味方にしておくと心強いと思います。民生委員には民生委員法という法律があり、守秘義務があるので個人情報を外部の人にもらすことはありません。お隣さんや近所の人に加え、できれば民生委員にも「見守りチーム」の一員になってもらうといいでしょう。

●全国民生委員児童委員連合会
https://www2.shakyo.or.jp/zenminjiren/

医療費と介護費が安くなる制度

公的医療保険・介護保険、そして市区町村には、医療費や介護費を軽減する助成制度がたくさんあります。制度は実にややこしく、「本音では使わせたくないんじゃないだろうか」と疑うほど、利用までのハードルが高いものも少なくありません。制度にうとい高齢者は尻込みしてしまうこともあるので、親が適切な助成を受けているかどうか、ときには子どもが目配りすることも必要です。助成制度には一般に知られていないものも多く、ケアマネジャーに知識がないこともあります。どんな助成制度があるのか、それをどう自分たちのケアに行かせるのかを調べ、ケアマネジャー、役所のケースワーカー、医師を味方につけながら、上手に利用していきましょう。

医療費を軽減する基本は「高額療養費制度」

医療でお金がかかるのは、入院して手術などを受けたときと、治療費のかさむがんや難病にかかったときです。末期がんなどで家族のレスパイト（休息）のためにホスピス（緩和ケア病棟）に入院したり、在宅でがんの緩和治療をしたりするときにもかなりのお金がかかります。

そんなとき利用したいのが「高額療養費制度」。医療費について不安を抱く人は多いのですが、大きな病気をしても、それほどお金のことで心配しなくてもいいように、制度がつくられているのが日本の公的医療保険です。

「高額療養費制度」とは、医療機関や薬局の窓口で払った額（食費や差額ベッド代等は含まない）が、１か月で一定額を超えた場合、その超えた額が戻ってくる制度です。ただし、負担の上限額は、年齢と所得によって変わってきます。この制度は70歳未満と70歳以上で計算方法が大きく異なります。

70歳未満では、１００万円の医療費がかかっても、公的医療保険は３割負担なので負担分は30万円です。では、実際に支払う金額はというと、月収28万〜50万円の人の１か月の負担上限額は８万１００円なので［80,100＋(1,000,000－267,000)×１％］として計算すると、実際に窓口で支払うのは８万７４３０円となります。それ以下の収入の人は限度額が固定されていて、月収26万円以下の人は５万７６００円、低所得者（住民税非課税の人）は３万５０００円までの支払いとなります。65歳以上の住民税非課税世帯は、入院時の食事代減額制度も受けられますので、医療を受ける人の住民税が課税か非課税かを知っておきたいものです。

70歳以上では、負担はさらに少なくなります。「現役並み」（月収28万円以上で負担３割）では70歳未満と計算方法は変わりませんが、一般所得者の「外来・在宅医療」は１万８０００円で「外来・入院」は５万７６００円まで、低所得者の非課税世帯の「外来・在宅医療」は８０００円で「入院＋外来」は２万４６００円までと自己負担限度額が下がります。一般所得者の被保険者とその扶養家族すべての人の収入から必要経費・控除額を除いたあとの所得がない人は「外来・

在宅医療」が8000円、「入院+外来」は1万5000円までの支払いとなります。実際に支払う金額は、ここに1食460円の食費と1日370円の居住費（水道光熱費）が加わります。

また、ひとつの医療機関で自己負担が上限額を超えないときでも、同じ月に複数の医療機関（病院、診療所、歯科、薬局、医療保険による鍼灸マッサージなど）を利用していれば、その自己負担分を合算することができます。

ただし、70歳未満の人はひとつの医療機関の支払いが2万1000円以上であることが、高額療養費制度を使える条件です。たとえば自宅と病院での治療を並行して受けていたり、自宅療養をしていて入院した場合は、在宅医療+薬局は合わせて1か所と数えられますので、病院への支払いと合算してください。70歳以上の人は複数の医療機関への支払いを合算でき、限度額を超えた分が戻ってきます。

さらに「世帯合算」「多数該当」も

高額療養費制度は基本的には個人単位ですが、同じ公的医療保険の加入者や国民健康保険の同一世帯であれば、子どもを含む被保険者と扶養者の家族の医療費を1か月単位で合算することができ、それが限度額を超えていたら払い戻しを受けられます。これを「世帯合算」といいます。

ただし、ここでも70歳未満の場合は、合計額が2万1000円を超えないと申請できません。

また、同じ医療保険に加入していても、70歳未満の人と70歳以上の人がいる場合は、次のような、なんともややこしい計算になります。①70歳以上の人の1か月にかかった外来と入院すべての自己負担額を出し、支給される高額療養費を算出。②世帯全体で1か月にかかった医療費の総額を、70歳未満の高額療養費の算出方法にあてはめて計算。③おのおのの高額療養費を合計する。これが世帯全体での高額療養費となります。

なお、75歳以上で後期高齢者医療に加入している人は、まったく別の医療保険となりますので、75歳未満との世帯合算はできません。

費用のかかる病気で継続的に治療を受けている人は、「多数該当」という仕組みも利用しましょう。年間に3回以上の高額療養費の支給を受けた世帯は、４回目から自己負担限度額が引き下げられます。たとえば70歳未満の月収28万～50万円の人の負担上限額は８万１００円、70歳以上の一般所得者の人は５万７６００円ですが、これが両方とも４万４０００円まで引き下げられますので、対象となる人はぜひ利用してください。

●全国健康保険協会「高額な医療費を支払ったとき」
https://www.kyoukaikenpo.or.jp/g3/cat310/sb3030/r150

３つの病気が対象の高額長期疾病（特定疾病）

高額な治療を長期にわたって受け続ける病気では、経済的な負担が大きくなります。患者の負担を減らすために3つの病気とその治療法に限り、「高額長期疾病の特例」として原則、自己負担限度額が月1万円に抑えられます。対象となるのは、①慢性腎不全で人工透析を受けている人、②血友病で血液製剤の投与を受けている人、③血液製剤によるＨＩＶ（エイズウイルス）感染の治療を受けている人です。②と③に関しては、自己負担限度額1万円を都道府県が公費で負担しますので、医療機関の窓口での患者の負担はありません。

高額長期疾病の特例を受ける場合は、加入している公的医療保険（組合健保、協会けんぽ、国民健康保険など）に申請し、「特定疾病療養受療証」の交付を受けます。②と③の場合は、これに加え、都道府県に申請し、「先天性血液凝固因子障害等医療受給者証」の交付を受け、医療機関の窓口で保険証とともに提示します。助成の内容は都道府県によって異なりますので、詳しくは市区町村の窓口に問い合わせましょう。

高額療養費が早く戻る「限度額適用認定証」

高額療養費制度による医療費の払い戻しは、原則70歳未満は申請が必要なため、自分が制度の対象であることを知らない人が少なくありません。高額療養費は申請しても、払い戻されるまでに3か月程度かかります。急な入院などで、これから高額な医療費がかかることがわかっているときには、「限度額適用認定証」をまず入手しましょう。これを病院の窓口に提示すれば、請求される医療費は高額療養費制度の自己負担限度額までとなり、あとから払い戻しを申請する手間がかかりません。

すでに入院してしまっている場合でも、その月のうちに取得して病院の窓口に提示すれば、その月の医療費から自己負担限度額の範囲にできます。「限度額適用認定証」は外来と在宅医療での高額な医療費にも適用されますので、自宅でのがんの緩和治療などで訪問診療医や訪問看護師が何度も入る場合は、交付を受けておきましょう。

70歳未満と70歳以上の一部の人は、加入している健康保険の組合の窓口、国民健康保険の場合は市区町村の保険年金担当窓口で申請を行うと認定証がもらえます。「協会けんぽ」の加入者はホームページから申請書をダウンロードし、郵送することもできます。

70歳になると各健康保険から「高齢受給者証」が発行されますので、医療機関にかかるときに健康保険証と一緒に提示すると、負担率が3割から2割になります。また、所得区分が「現役並みⅠ」と「現役並みⅡ」の人は健康保険証、高齢受給者証、限度額適用認定証の3点を医療機関の窓口に提示することで、自己負担限度額までの支払いとなり、所得区分が「一般以下」と「現役並みⅢ」の人は、健康保険証と高齢受給者証の2点を医療機関の窓口に提示することで自己負担限度額までの支払いとなります。

75歳になり後期高齢者医療制度を利用するようになると、「高額療養費の支給申請のお知らせ」が届きます。これに必要事項を書き込んで返送すると、それ以降、負担額の上限を超えた場合には、診療を受けた月から通常4か月後に指定の口座に、自動的に差額が振り込まれます。

また、入院の際、食事代は自己負担となりますが、収入が少ない人は申請をすることで、1食当たりの標準自己負担額が減額となる「入院時食事療養費」もあります。自治体によっては、独自の医療費助成制度があり、窓口での支払い額が高額療養費の負担上限額よりも低くなる場合もありますので、詳しくは加入している医療保険か、お住まいの自治体に問い合わせてください。

なお、医療費の支払いが困難な場合には、国民健康保険をはじめ各医療保険で無利息の「高額医療費貸付制度」が利用できることもあります。

●全国健康保険協会「限度額適用認定証をご利用ください」
https://www.kyoukaikenpo.or.jp/g5/cat550/1137-91156
●全国健康保険協会　高額医療費貸付制度
https://www.kyoukaikenpo.or.jp/g3/cat320/sb3170/sbb31716/1944-2531

介護に使ったお金が戻る「高額介護サービス費」

介護保険サービスを受けたときは、原則として費用の1～3割を利用者が負担しますが、公的医療保険に「高額療養費制度」があるように、介護にも利用者負担の上限を超えたら、お金が戻る「高額介護サービス費」と呼ばれる制度があります。これは1か月に利用した介護保険サービスの金額が一定の上限額を超えた場合、申請すれば超過分が払い戻される制度で、1回申請するとその後は役所が計算し、超過分が自動的に振り込まれる市区町村もあります。

上限額は所得によって異なり、たとえば「現役並み所得者」と「一般」は4万4400円、住民税課税世帯は2万4600円、ひとりの場合は1万5000円が上限で、それを超えるとお金が戻ります。ただし、対象になるのは訪問介護やデイサービス、デイケアなどの利用料に限定され、要介護度別の限度額を超えた分も計算には組み入れられません。

この制度では夫婦などで介護保険サービスを利用している場合も、世帯で合算ができます。介護の助成制度については、ケアマネジャーか市区町村の介護保険担当課に相談してください。各市区町村のホームページには、高額介護サービス費制度についての詳細が掲載されています。市区町村名と「高額介護サービス費」をキーワードにして検索することもできます。

●高額介護サービス費　渋谷区　同サイトから「高額医療・高額介護合算療養費制度」へもリンク
https://www.city.shibuya.tokyo.jp/kurashi/kokuho_nenkin/kaigo_hoken/fee_keigen.html

医療と介護の両方が合算できる「高額医療・高額介護合算療養費制度」

医療費と介護費、両方の負担が重い人や世帯には、その両方を合わせて軽減できる助成もあります。医療と介護にかかった世帯ごとのお金の合計が自己負担限度額を超えた場合、超えた分のお金が戻ってくる制度で、「高額医療・高額介護合算療養費制度」と呼ばれます。

医療の合算制度と同じように、合算できるのは同一の医療保険の加入者のいる世帯で、加入している医療保険の種類が違うと別世帯となります。「高額療養費制度」の基本は1か月単位ですが、こちらは1年単位で合算します。自己負担限度額は世帯員の年齢や所得によってさらに細かく設定されていますので、お住まいの市区町村のホームページを参照し、わからない場合は病院のソーシャルワーカーかケアマネジャーに相談しましょう。

1年間の期間は、毎年8月1日～翌年7月31日まで。支給の申請は翌年8月1日から行うことができますが、いずれも申請しないと払い戻しは受けられません。領収書も必要なので保管しておき、市区町村の介護保険担当窓口などで手続きをします。

確定申告の医療費控除では介護のお金も合算できる

生計をひとつにする家族が1年間に支払った医療費の合計が10万円（または合計所得金額の5％のいずれか低いほう）を超えた場合、確定申告のときに超過分の金額（200万円が限度）を所得から控除できる「医療費控除」という制度があります。ここでは公的医療保険で支払ったお金に加え、保険外の診療、市販の薬、通院の交通費も控除の対象となる場合があります。

さらに、自宅やサービス付高齢者住宅（サ高住）で訪問看護や訪問リハビリなど医療系のサービスを利用していれば、介護費にかかったお金も医療費控除に加えることができます。医療費と介護費が合算で控除されると、所得税や住民税の負担が大きく軽減されますので、ぜひ利用してください。

介護費用で医療費控除の対象となるのは、訪問看護、訪問リハビリをはじめとする医療系のサービスと、訪問介護、デイサービスなどへの通所介護、訪問入浴など、ほとんどの介護系サービスです。６か月以上おむつが必要となった寝たきりの人のおむつ代も、医師が発行した「おむつ使用証明書」があれば控除の対象となります。

特養、医療系の老健、介護療養施設、介護医療院の入居者は、施設サービスについて医療費控除が受けられます。控除の対象となるのは介護保険サービス費、食費、居住費など。おむつ代は含まれますが、日用品や理美容代は控除の対象ではありません。特養は月額費用の２分の１、医療系の老健などでは全額を申告できます。

有料老人ホームと認知症グループホームでは、月額費用に対しては医療費控除を受けられませんが、訪問診療にかかったお金と、医師に「おむつ使用証明書」を書いてもらった場合は、日々のおむつ代も医療費控除の対象となります。

２０１７年分の確定申告から、領収書は提出・提示する必要がなくなり、国税庁のホームページより、「医療費控除の明細書」をダウンロードし、必要事項を記載して提出すればＯＫとなりました。とはいえ、申告してから5年間は税務署からの問い合わせを受ける可能性がありますので、領収書は自宅に保管しておきましょう。なお、高額療養費制度、高額介護サービス費などで戻ってきたお金は、差し引いて計算します。

●医療費控除についての詳しい説明は　国税庁のホームページで
https://www.nta.go.jp/m/taxanswer/1127.htm

認知症や介助の必要な人は「障害者控除」も忘れずに

確定申告では扶養家族への控除がありますが、障害者の場合は「障害者控除」として一定金額の所得控除を受けることができます。対象になるのは各障害者手帳を持っていない65歳以上で、市区町村から「障害者控除対象者認定書」を交付された人。ここには「介助の必要な身体障害をもつ」人と認知症の人が含まれますので、以下に該当する人は申請をおすすめします。

所得税27万円と住民税26万円が「障害者」として控除されるのは、「身体状態（めやす）」、日常生活はおおむね自立しているが、外出は介助なしではできない」人と、認知症で「身体状態（めやす）」、日常生活に支障をきたすような症状や行動、意思疎通の困難さが多少見られるが、誰かが注意していれば自立できる」人です。

また、所得税40万円と住民税30万円などを控除される「特別障害者」は、「日常生活は、食事、排泄などで何らかの介助を要し、ベッドの上で一日の大半を過ごす」人と、認知症で「日常生活に支障をきたすような症状や行動、意思疎通の困難さが見られ、介護を必要とする」人です。具体的には、要介護1〜3を障害者、要介護4〜5を特別障害者としている市区町村が多いようです。「障害者控除対象者認定書」の申請と相談は、各市区町村の高齢者窓口で行えます。

「がん」「認知症」など、40歳から介護保険が使える病気

介護保険のサービスが受けられるのはふつう65歳からですが、障害や病気によっては65歳未満でも、介護保険サービスをはじめとする福祉サービスが受けられます。

40歳以上65歳未満の人は、介護保険の第2号被保険者（65歳以上は第1号被保険者）と呼ばれ、病気が介護保険の対象となる特定疾病16に該当すれば介護保険の対象となります。特定疾病16には筋萎縮性側索硬化症のような難病のほか、脳出血や脳梗塞などの脳血管疾患、若年性認知症、関節リウマチ、パーキンソン病などがあります。がんについてはこれまで「末期」（医師が回復の見込みがないと判断したもの）と限定されてきましたが、２０１９年2月からは「がん」であれば、介護保険サービスを申請できることになりました。

●厚生労働省　特定疾病の選定基準の考え方
https://www.mhlw.go.jp/topics/kaigo/nintei/gaiyo3.html

難病などの医療費を助成する制度

原因が不明で治療法が確立されていない疾患＝難病のうち、厚生労働大臣が認める病気が「指定難病」です。困難な治療を長期にわたって受け続ける病気では、経済的な負担が大きくなるため、医療費の一部を助成する「指定難病医療費給付制度」があり、２０１８年時点で３３１の疾患が「指定難病」となっています。助成の申請は、「指定難病」の診断を受けた人が、一定の手続きをして「指定難病医療費受給者証」の交付を受ければ、6段階の所得と3段階の病気の状態によって、自己負担の上限が3万～１０００円までとなります。このほかに「高額長期疾病の特例」という助成制度もあります（１１０ページ参照）。

（１１０ページ参照）

難病情報センターのウェブサイトには、指定難病の一覧、指定難病患者への医療費助成制度、患者会の情報などが掲載されています。

●難病情報センター
http://www.nanbyou.or.jp/
●全国健康保険協会　静岡支部　特定疾病に係る高額療養費支給特例について
https://www.kyoukaikenpo.or.jp/shibu/shizuoka/cat080/20130225001

障害者のための制度も利用できる

自宅介護が必要になったとき、利用できるのは「介護保険」と「公的医療保険」だけではありません。実は利用できる制度がもうひとつあります。障害者のための制度です。

「中途障害」という言葉があります。人生の途中で事故や脳卒中などにみまわれ、からだに障害をもつことを指す言葉ですが、加齢による病気や機能低下も、広い意味での中途障害だという見方がここでは反映されています。

幅広い傷病による障害が対象になる「障害年金」

20歳からもらうことができるのが「障害年金」です。公的年金では原則65歳から支給される「老齢年金」と、遺族がもらえる「遺族年金」が知られていますが、生まれつき障害をもった人や、目、耳、手足の不自由な人ばかりでなく、あらゆる病気やケガによって生じた障害をもつ20歳以上の人が対象となる「障害年金」については、あまり知られていません。

障害年金がもらえる可能性があるのは、病気やケガによって生活や仕事ができない状態が、一般的には1年半以上続いている人です。状態によって障害年金の対象になるのは、心身障害、知的障害、精神障害のほか、脳血管障害、高次脳機能障害、認知症、ぜんそく、心臓病、腎不全、人工透析、がん、糖尿病合併症、人工肛門、難病など、実にさまざまです。

判断基準は障害の重さで、重いほうから障害等級1〜3級まであります。初診日に加入していた年金制度、障害の状態（等級）、配偶者や子どもの数などで、年金額が変わりますが、土台になる「障害基礎年金」だけでも平均月額7万〜8万円はもらえます。企業で働いていた人は「障害厚生年金」が上乗せされ、月額20万円を超える人もいます。

「ひとりの年金は1種類」なので、障害年金を受けることができるのは65歳までですが、それ以前に対象になる病気や障害、認知症をもった人は、病院や行政のソーシャルワーカーに相談し、可能性をさぐってみてください。制度は複雑でハードルもたくさんありますが、金額の多さを考えると、申請をトライしてみていただきたい制度です。

●日本年金機構「障害年金」
https://www.nenkin.go.jp/service/jukyu/shougainenkin/jukyu-yoken/20150401-01.html

認知症の人は「自立支援医療制度」を

障害者には障害者自立支援法に基づく「自立支援医療制度」があります。40歳未満も対象となるこの医療費支援制度は「精神通院医療」と「更生・育成医療」に大きく分けられ、継続的な通院を必要とする、統合失調症、うつ病ほか、てんかん、認知症、高次脳機能障害、知的障害、発達障害、アルコール・薬物依存症などは「精神通院」に入ります。

ここに認知症が入ることは、知らない人が多いと思います。最近は安価なジェネリック医薬品が増えたとはいえ、認知症の薬には1錠200円以上のものもあります。決して安くはない医療費がかかるので、とくに公的医療保険が３割負担の人には知っておいてほしい制度です。

ただ、制度を利用するには「指定自立支援医療機関」の病院・診療所の精神科医の診断・意見書が必要となります。指定自立支援医療機関はインターネットの検索で簡単に探せますし、最近では、意見書を書いてもらえる医療機関も増え、身近な診療所が指定を受けていますので、認知症の診断を受けたら、そうした点も考え、「かかりつけ医」を探すといいと思います。

支払う医療費は原則1割です。たとえば、窓口で1万円を支払わなければならない場合、指定自立支援医療機関でこの制度を利用して診療・投薬を受けると、実際に支払うのはその1割の1000円となります。月額の負担上限額は、医療保険単位の「世帯」の所得に応じて細かく設けられています。

申請は市区町村の福祉事務所、障害福祉窓口で行います。申請時には申請書と「指定自立支援医療機関」の医師の意見書、健康保険証、課税証明書などが必要です。認定されると「自立支援医療受給者証」と「自己負担上限額管理票」が交付されます。期限は1年間。継続する場合は、医師の「自立支援医療診断書」の提出は2年に1回となります。

このほか、障害者自立支援法での福祉サービスには、18歳以上の障害者と難病の人を対象にした介護給付や、難病の人に対する医療費助成、地域生活支援給付もありますので、病院のケースワーカーやケアマネジャーに相談してみましょう。

●東京都福祉保健局　自立支援医療（精神通院医療）について
http://www.fukushihoken.metro.tokyo.jp/shougai/nichijo/tsuuin/seishintsuuin.html

もらい忘れの多い「特別障害者手当」

国の公的制度でもっとももらい忘れが多いといわれているのが「特別障害者手当」です。対象は20歳以上の在宅療養者。寝たきりなど長期にわたる安静を必要とする病状があり、立ち上がることができない、手・腕が動かせない、目が見えにくい・耳が聞こえにくいなど、身体障害者手帳1～2級程度、精神障害者手帳1～2級程度の生活困難が原則2種類以上あり、一定の所得以下（配偶者および扶養義務者で600万～700万円以下）の人です。手当は月額2万7200円なので、要介護5でも介護費の7割がまかなえてしまいます。申請は市区の福祉事務所か町村の福祉担当窓口で行いますが、申請書に加えて医師の診断書が必要です。

こうした公的制度を利用するときには、医師の診断書がネックとなります。医師が公的制度に関する診断書の書き方を知っているかどうかも大きなポイントになるので、症状をきちんと書いてくれる、制度に詳しい主治医を見つけたいものです。

●厚生労働省　特別障害者手当について
http://www.mhlw.go.jp/bunya/shougaihoken/jidou/tokubetsu.html

高齢者でも「障害者認定」を受けることができる

「身体障害者手帳」は、肢体不自由や視覚・聴覚・内部障害など日常生活に支障をきたす病気や障害で、国が定めた医学的基準に該当していれば交付される福祉サービスです。これは脳血管障害で半身麻痺が残ったり、事故や脳血管障害で脳に損傷が起こる高次脳機能障害や、寝たきりになった場合にも、年齢にかかわらず受けることができ、医療費の助成、税金面、公営住宅の入居など、さまざまな優遇制度が受けられます。

対象になる障害は、視覚障害、聴覚障害、平衡機能障害、音声・言語機能障害、咀嚼機能障害、肢体不自由、心臓機能障害、呼吸器機能障害、腎臓機能障害、膀胱または直腸機能障害、小腸機能障害、免疫機能障害、肝臓機能障害の13種類です。

障害者手帳は障害の程度によって1～7級（数字が小さいほど重い）の等級に分類され、受けられる給付やサービスが異なります。手帳が交付されるのは1～6級で、手厚いサービスが受けられるのは3級以上ですが、1級と2級の人と、3級で心臓、腎臓、呼吸器、膀胱、肝臓機能障害などの内部障害をもつ人などは「重度心身障害者医療費助成制度（重心）」の対象となり、医療費が無料になるほかさまざまな福祉サービスが受けられます。

対象になる病気は多くの高齢者がもっていますし、加齢にともなう疾患でも手帳の交付は認められます。また、寝たきり状態になる期間が長いがん末期の患者では、回復の見込みがない不可逆性の変化ということになれば認められることが多いので、経済的な心配のある人は、自分や家族の病気が対象になるのかどうかを調べ、担当医や在宅医に相談してみるといいでしょう。身体障害者手帳については、東京都心身障害者福祉センターがわかりやすいサイトをつくっています。また、重度心身障害者医療費助成制度については、各市区町村のホームページに掲載されています。

●東京都心身障害者福祉センター　身体障害者手帳とは
http://www.fukushihoken.metro.tokyo.jp/shinsho/shinshou_techou/techonituite.html

医療費がないときは「無料低額診療事業制度」の利用も

生活の苦しい人が、お金がないために必要な医療を制限されることがないよう、無料または低額な料金で医療機関を利用できるのが「無料低額診療事業制度」です。すべての医療機関がこの制度を実施しているわけではありませんが、勤労者医療協会（民医連）や生活協同組合など、行っている医療機関は全国にありますので、左のウェブサイトで探してみてください。

制度を利用するには、地域の医療生活組合の病院など、無料・低額診療事業を行っている病院の受付で申請しますが、緊急の場合は制度の適用の有無にかかわらず、まず必要な診療・治療を開始します。無料・低額診療の適用ができるかどうかは、相談担当者との面談で決まります。その際、給与明細書の写しや確定申告書の写しなど、収入状況を証明する資料の提供が必要となります。適用とならない場合でも、医療費の支払いのほか、当面の生活などについて相談に応じ、ほかの公的な制度が利用できる場合は、その手続きを勧めてくれます。

無料低額診療は、生活が改善するまでの一定期間の措置で、公的な制度や社会資源の活用、生活改善の方向を見つけて、治療を進めながら生活を立て直していくのが目的です。

●診療を行っている医療機関に関する問い合わせ　各市区町村の福祉関係窓口
●全日本民医連　無料低額診療　https://www.min-iren.gr.jp/?p=20120
●東京都福祉保険局　無料低額診療施設一覧
http://www.fukushihoken.metro.tokyo.jp/seikatsu/hogo/mutei.files/300201mutei_iryoukikan.pdf

介護費負担が軽減される「世帯分離」

医療・介護費の負担を軽減する「介護の裏ワザ」で、最近、よく取り上げられているのが「世帯分離」。医療・介護保険料や自己負担額は、介護される人自身の収入か、同居する世帯全体の所得で決められます。親子が同居すると世帯全体の収入が多くなり、保険料や利用料が高くなることがありますが、それを避けるため、親子が同居したまま住民票を切り離すのがこの手続きです。

世帯分離をした結果、親の年収が少なくなれば、医療・介護保険料、介護保険サービスの利用料、さらに高額療養費制度や高額介護サービス費の上限額も下がります。親の所得によっては、施設に入ったときや入院時に、食費と居住費の減免制度が受けられるかもしれません。介護保険サービスの利用料負担が2割だったのが、1割負担になることもあるでしょう。

一般的には世帯分離をして、高齢者のみの世帯としたほうが医療・介護費は軽減され、とくに介護度の高い人や、施設入居での「食費と居住費」の軽減を考える人にとっては大きな利点となります。ただ、1世帯で2人以上が医療・介護を受けている場合、高額療養費制度と高額介護サービス費の世帯合算ができなくなり、国民健康保険料では世帯で払っていた場合よりも割高になるかもしれません。また、世帯分離をすると住民票が分かれるため、役所での手続きに委任状が必要となったり、ややこしくなるなど、メリットばかりではありません。

手続きは住民票のある市区町村で所定の用紙に必要事項を記入し、印鑑を押して提出するだけと簡単です。世帯分離は介護費用節約を目的とした制度ではありませんが、経済状態が厳しいときには利用を考えてみてください。相談すると、行政から世帯分離を進められる場合もあります。

●川崎市　世帯分離届（世帯を分けるとき）
http://www.city.kawasaki.jp/250/page/0000037110.html

支払わなくてもいい入院時の差額ベッド代

急に入院したときに「空きベッドがありません」と言われ、個室に入れられてしまった。「これってありなの？」という相談をときおり受けることがあります。とくに認知症の人は「目が離せない」といった理由で保険のきかない個室に誘導され、多額の入院費を請求されることが少なくありません。病院とのトラブルで多いのが、この差額ベッド代です。

認知症の友人はこの2年間に2回入院をしましたが、施設からの連絡で病院に行くと、個室に入っていました。理由は2回とも「多床室が空いていない」ということでしたが、病室を覗いてみると多床室にはかなりの空きベッドがありました。

個室料金の全国平均は1日約7800円。1日1万円、2万円という個室もザラです。病院が差額ベッドの費用を請求できるのは、「患者が自由な意思で希望して利用することを、文書で同意した場合」だけですが、これについてはあまり知られていません。さらに救急搬送されたり、手術後で病状が重いため安静が必要な場合や、集中治療を受けている場合、免疫力が低下して感染症にかかる可能性がある場合、他の患者への院内感染を防ぐ必要がある場合などに個室に入れられることがありますが、こういうときには「差額ベッド代を請求してはいけない」ことになっています。

ですから、患者が多床室を希望しているのに、「ふつうの病室が空いていない」「経過観察中は個室に入ることになっているので」といった理由で個室に入れられた場合、病院は差額ベッド代を徴収することはできません。このことは2018年3月に厚労省が出した新しい通知（保医発0305第6号）に、明記されています。

友人が同意もないまま個室に入れられた2つの病院には、この通知のことを伝え、差額ベッド代は支払わないことで了承してもらいました。個室に入りたいわけではないのに同意を求められた場合は、この「通知」のことを伝えて病院と話し合ってください。

●墨田区　差額ベッド代について（厚労省通知の抜粋も掲載）
http://www.city.sumida.lg.jp/smph/kurashi/kenkouhoken/kokuminkenkouhoken/kyuuhu/sagakubeddo.html

第4章 地域のケア資源を見つける

どうする？「介護保険外サービス」

介護には、直面してみないとわからないことが山のようにあります。この章では、介護保険では利用できないサービス、つまり100％自費で支払う「介護保険外サービス」にかかるお金を、どう上手に軽減していくかを考えたいと思います。

介護保険ではできないこと

介護保険法では、介護保険料を払っている私たちが要介護状態となったとき、「可能な限り、その居宅において、その有する能力に応じ自立した日常生活を営むことができるように配慮されなければならない」とし、さまざまな支援（サービス）を定めています。

しかし、介護保険の訪問介護サービスではできないことがたくさんあります。大きく分けると、①要介護・要支援認定のない家族への援助、②ヘルパーの仕事ではないこと、③日常の家事を超える仕事の3つが「できないこと」です。

例を挙げると、①に該当するのは、家族の食事づくりや、家族の部屋の掃除、②では、マッサージやリハビリなど他の専門職が行う仕事や、金銭管理、留守番、茶飲み相手、散歩や旅行への同伴など。③では、大掃除、庭の草むしり、ペットの世話などです。

ときには不思議なことも起こります。医療機関への付き添いの際、往復の移動時は介護保険サービスが適応されるけれど、待ち時間や検査・診察など病院内での付き添いは自費になる。なんのこっちゃと思いますが、これは介護保険と医療保険が同時には使えないからです。そのため通院の付き添いでは、往復の移動は1〜3割の自己負担で介護保険サービスを利用できますが、院内でのヘルパーの付き添いは全額自費として請求されてしまうのです。

同じように、利用者がヘルパーの時間を延長してほしいと求めたり、利用限度額以上の訪問介護サービスを依頼した場合は、ケアマネジャーが「その分は自費（10割負担）になりますが、いいですね」と確かめてから、介護保険サービスを自費で提供しています。

「同居家族がいると生活援助が受けられない」は本当か

ところで、「同居家族がいると介護保険サービスの生活援助（掃除、洗濯、調理など）を利用することができない」と、聞いたことはありませんか？

この都市伝説のような誤解は、自治体やインターネット情報でも蔓延しています。しかし、厚労省では「家族がいるかいないかだけで、サービスの提供を判断してはいけない」という通知を、10年前の2009年に出しています。この通知では、家族の同居があっても、①利用者の家族が高齢や病気などで家事ができない場合、②家族が仕事で日中は独居の場合、③家族が介護疲れで共倒れになるかもしれない場合は生活援助の利用が可能だと、自治体や関係機関に伝えています。

ケアマネジャーの仕事は、家族の健康状態なども含めてケアプランを立てることですが、残念なことに勉強不足のケアマネジャーもいますし、事業所が判断を押しつけることもあります。判断が難しいのは「日中独居」の場合だと思いますが、同居していても家族が夜遅くまで働いて疲れ切り、共倒れになりそうだったり、日中ひとりでいる利用者が認知症などで食事の準備ができないときは、ケアマネジャーと話し合ってみてください。ケアマネジャーが理解を示さないときは、「保険者」である市区町村の高齢福祉課など担当窓口に相談する方法もあります。

しかし、国が経費削減のため、高齢者に「自分でやってください」と求める「自立支援介護」を推し進めている昨今、自治体が誤解を増長している感があるのが気がかりです。

国の審議会などの議事録を読むと、「必要以上に介護保険サービスを使っている人がいる」という政治家や識者の意見を見かけますが、実際には「必要な介護保険サービスを使えない人」が増えているのが、いまの介護の実状です。介護保険は家族を疲弊させないためにあるという声を、介護家族と介護専門職が一緒に発していくことが必要だと思います。

●厚労省「同居家族等がいる場合における訪問介護サービス及び介護予防訪問介護サービスの生活援助等の取扱いについて」
http://www.jcma.or.jp/images/association/20071225-02.pdf

介護保険サービスと自費を組み合わせる「混合介護」

最初はほんの少しの援助があれば生活できていた人も、からだの老化が進んだり病気が悪化したりしてくると、それまで自分でやっていた庭の掃除なども だんだんできなくなります。しかし、これまでは厚労省が、介護保険サービスと介護保険外のサービスを「同時・一体的」に利用してはならないとしてきたため、介護家族は地域の住民型有償サービスを利用したり、自費で家事代行サービスを利用して補うしかありませんでした。

ところが、２０１６年に公正取引委員会が調査公表した「介護分野に関する調査報告書」で、多くの市区町村では、「同時・一体」の混合は認めていないものの「連続」ならば可能として、いわゆる「混合介護」を行っているという実態が明らかになりました。そこで国は「混合介護」の規制緩和に動き出し、これを受けた東京都では全国に先がけ、２０１８年度から豊島区で「選択的介護」と名づけたモデル事業を２０２１年3月まで実施しています。

「混合介護」推進の背景にあるのは、買い物や掃除などの「生活援助」を介護保険サービスから段階的に外していこうという流れです。すでに要支援１・２の人の訪問介護と通所介護は保険サービスから外されて自治体の総合事業に移行し、介護保険サービスでは事実上の「生活援助」の利用制限も始まっています。

介護保険サービスでは間に合わなくなり、自費での介護サービスが必要になったときにはケアマネジャーに相談し、利用中のヘルパー事業所や、良心的な料金の介護事業所に依頼するところから始めましょう。できれば顔なじみのヘルパーが入ってくれれば安心です。ただ、自費での料金は安くありません。介護保険サービスを全額自費で払うと「生活援助」は1時間約2300円、「身体介護」は1時間約4200円、両方を組み合わせた場合は1時間約3300円なので、介護事業所ではそれを目安に自費での料金を設定しているからです。

介護サービスに、15分500円などの「ワンコイン・サービス」を組み込んでいる事業所もあります。介護事業所を運営する友人・知人に聞いてみると、「ワンコイン」の有償サービスを行っている事業所はいくつかありました。

東京都墨田区で介護事業所を運営する小谷庸夫さんは、要介護認定があるかどうかにかかわらず、地域の高齢者の「電球を取り替えてほしい」「宅配便の発送をしてほしい」などの〝ちょっとした困りごと〟を30分を目安に500円の「ワンコイン」で受けています。

ときには30分を超えることもありますが、それでも請求するのは500円。「掃除機を組み立ててほしい」「浴室の棚が壊れたので直してほしい」など、高齢者からの依頼が次々に舞い込み、区役所からも感謝されているとのことです。

地域にこうした「ワンコイン・サービス」を行っている介護事業所やNPO、住民団体があるかどうかは、ケアマネジャーのほか、地域包括支援センターがつかんでいることもありますので、問い合わせてみてください。同じようなサービスは全国に広がっています。

厚労省が出した「混合介護」のガイドライン

豊島区が「混合介護」のモデル事業を始めた翌月の2018年9月、厚労省が「混合介護」に関する通知を初めて出しました。混合介護はすでに各地でなし崩し的に始まっていますが、ルールが決まっていないことで、自治体によって判断がまちまちだったからです。

この通知では、介護サービスの前後や途中に保険外（自費）サービスを組み合わせることができるとし、訪問介護では、①利用者のペットの世話や自宅の草むしり、②外出支援のあと、利用者が娯楽などのために立ち寄る場所に付き添うこと、③通院介助の際の見守りなど院内介助、④同居家族の部屋の掃除や買い物など。

デイサービスなどを利用する際も、①施設での予防接種や散髪、②夕食用の弁当購入、③送迎途中の買い物の同行も自費での利用なら認めるとしています。ただし、ヘルパーが訪問して利用者の食事をつくる際、同居家族の分を保険外サービスとして一緒につくる組み合わせは、「介護保険の目的にそぐわないサービス提供を助長するおそれがある」という理由で認めていません。

厚労省では事業者に、ケアマネジャーが保険外サービスの内容や料金を文書化して利用者の同意を得ることや、介護保険サービスの利用料と分けて料金を請求することなどを求めていますが、「混合介護」で懸念されるのは、制度の導入を進めることで介護保険サービスが減っていくことと、事業者による「サービスの増長」です。

「混合介護」は介護家族としては「背に腹は代えられない」部分もあります。しかし、自費サービスは安くないので、本当に必要なサービスを選んでいく必要があります。国に対しては、これ以上なし崩しにならないよう、価格の適正化も含め、指針を明確にすることを望みたいところです。

混合介護を「選択的介護」と名づけた豊島区のモデル事業では、自費での介護保険外のサービスを、①居宅内のサービス（日常生活支援）、②居宅外のサービス（外出支援）、③見守り等のサービスの3種類に分け、10の事業所にサービスの提供を委託しています。料金は事業所ごとに異なり、①では1時間2000〜3600円、②では1時間2500〜3600円、センサーを活用した③では月額4980〜1万5000円となっています。

この料金でどの程度の利用があるのか、全国初のモデル事業の報告を見たいところです。

●厚労省「介護保険サービスと保険外サービスを組み合わせて提供する場合の取扱いについて」
https://www.zenhokan.or.jp/wp-content/uploads/tuuti425.pdf
●豊島区「選択的介護のご案内」
https://www.city.toshima.lg.jp/428/kaigo/documents/sentakutekikaigopanhu2.pdf

高齢者やおひとりさまに必要なのは「ちょっとしたお手伝い」

介護保険などによる定期的なサポートに加え、高齢者や障害・病気をもつひとり暮らしの人たちが必要としているのは、「ちょっとした困りごと」の解決です。電球の交換や花木の水やり、買い物の手伝いや家具の移動など、短時間でできるちょっとしたことを安価で代行してくれる人たちが身近にいれば、どんなに日々の暮らしは助かることでしょう。

そうしたニーズに合わせ、社協やシルバー人材センターや、地元のＮＰＯ、住民団体が運営する「ワンコイン・サービス」や「ちょこっとサービス」が全国で増えてきました。

この本を書いているとき、地方の病院に勤務する知り合いの医師から「身寄りのない入院患者の買い物」についての問い合わせがありました。この医師の勤務する病院では、宅配便の受け取りをしないので通販の利用ができず、院外の買い物に看護師が付き添うのも禁止。ほしいものは家族や知り合いに買ってきてもらうのが原則だそうです。

そのため、緩和ケア病棟に入院しているがんの患者さんは、病院の売店でしか買い物ができず、好きなものが買えないため、現在はその医師の妻が「患者さんの知り合い」ということで買い物の依頼を受けているそうですが、そう長くは続けられません。何かいい知恵はないだろうかというものでした。

そこで調べてみると、病院のあるまちでは社会福祉協議会（社協）が住民型有償サービスをネットワークしていました。その情報を医師に知らせたところ、高齢者支援を長年続けている住民団体が、買い物支援をすると申し出てくれたそうです。

医師から連絡があった数日後、がんで療養したことがある50歳の女性からの「おひとりさま療養支える方策を」という投書を新聞で読みました。高齢者ではないひとり暮らしの患者をサポートする社会の取り組みや、公的支援がないことにふれ、「圧倒的に不足するサポート（病院付き添い、力のいる家事、食事、買い物、各種代行など）を助けてくれる人がいたら安心できるはずです」と、相互扶助の仕組みの必要性を訴えていました。

お金に余裕があれば、家事代行を依頼する方法もあります。しかし、家事代行や便利屋の料金は1時間2000〜3000円。多くは定期利用を求められ、1回2時間以上、3時間以上のところも少なくありません。年金暮らしの高齢者や、病気を抱えたお金に余裕のないひとり暮らしの人には、敷居の高いサービスです。

「5分100円」から始まる「御用聞き」

「1回5分100円から」で、高齢者の「ちょっとしたお困りごと」を解決しながら地域の活性化へとつなげる、その名も「御用聞き」という会社があります。2010年に東京都練馬区の光が丘団地でコミュニティカフェを開いたのが始まりで、その後、2014年に高齢化率35％を超える板橋区の高島平団地に拠点を移し、「100円家事代行」を始めました。

社員は社長の古市盛久さんと、元大学生スタッフの松岡健太さんの2人。有償ボランティアの大学生を主戦力に主婦やシニアが登録しています。大学の単位取得や就職活動のために、無償ボランティアをする大学生も少なくありません。当初は板橋・練馬の2区だけで実施していましたが、いまでは東京23区と都下の一部、埼玉県（和光市、新座市）、神奈川県（横浜市と茅ヶ崎市の一部)、さらに愛知県(刈谷市と春日井市の一部)に広がっています。

利用料は2種類。5分100円の「100円家事代行」では、電球や電池交換、宛名書き、郵便物回収、びんのフタ開け、カートリッジ交換、日常的なお掃除など。5分300円の「たすかるサービス」では、家具や粗大ゴミの移動、草むしり、大掃除のお手伝い、風呂・トイレ・キッチンの掃除、スマートフォンやパソコンのちょっとしたサポートなども行います。

「高島平団地でおもしろいことをやっている会社がある」と聞いたのは、「御用聞き」がスタートして2年目くらいのことでした。お困りごとの解決ばかりか、団地内の空き店舗で不用品リサイクルのコミュニティスペースを運営し、地元の診療所と一緒に開発した体操を団地の広場で週3回主催し、商店街や自治会のイベント支援もしている聞き、数年前、2軒のお宅への同行を含めた取材をさせてもらいました。

1軒目は家の裏手に生える木を切る作業。作業自体は20分で終わりましたが、依頼者とのおしゃべりが15分近く。おしゃべりは料金に入っていません。2軒目は大学生たちと一緒に、2階から1階への家具の移動。こちらは階段が狭く、1時間近くかかりました。自分たちではできないことがあると、信頼できる専門の事業者を探して紹介することもあります。

「会話が大切なんです。高齢者はおしゃべりのなかから本当のお困りごとが出てくることが多いので」と古市さん。リピーターが多いのも「御用聞き」の特色です。「電気、ガス、水道、通信に次ぐ〝第5のインフラ〟として、安全、安心、しかも安価に、生活支援の仕事を提供し、会話で世の中を豊かにしていきたい」と語ります。

生活のなかの困りごとの解決は、高齢化・単身化の進む現代社会の課題。こうした社会的課題に取り組む企業や団体が全国で増えてほしいと、「御用聞き」では無償の研修会などを開き、2025年を目標にした全国展開に向けて活動中です。

力まずに社会課題に取り組む若いビジネスパーソンの活動を、最近、あちこちで見るようになりました。日本の未来はそう捨てたものじゃない、と感じさせてくれます。

●株式会社御用聞き
https://www.goyo-kiki.com/
フリーダイヤル0120-309-540（平日9時～17時）

看護師が有償ボランティアでケアする「キャンナス」

医療・介護保険制度では対応できないサービスの隙間はたくさんあります。その隙間を埋め、医療や介護が必要な高齢者やその家族を支援しているのが「全国訪問ボランティアナースの会キャンナス」（本部、藤沢市）。全国に123（2019年4月時点）の支部をもつ、訪問看護師を中心とした有償ボランティア団体です。

依頼が多いのは人工呼吸器をつけたり、長期入院している人の外出や外泊の支援、障害児のケア、通院の手伝い、家族が休息するための介護の支援、結婚式への参列や墓参りの介助、さらには、料理、掃除、洗濯や、夜間の見守りまで、キャンナスが受ける仕事はさまざまです。
いずれも、公的医療保険や介護保険では認められない支援なので全額自費ですが、利用料は支部によって異なるものの1時間1000〜2000円とリーズナブル。介護保険では要介護度によって訪問看護サービスを受けられる回数が決まっているため、その回数を超えると全額自己負担（8000円程度）となりますが、そうした訪問看護を有償ボランティア料金で受けることもあります。昼間の訪問看護は医療保険や介護保険で、それでは足らない夜の訪問看護や見守りを「キャンナス」で受けているメンバーは少なくありません。

「介護で疲れている家族に休める時間を」と1997年に始まったこの団体を私が知ったのは、東日本大震災でのボランティア活動を通じてです。震災の翌日から被災地支援に動き出した会のメーリングリストに参加し、次々とボランティアで支援に駆けつけるナースたちの生の声をリアルタイムで聞くうちに、これは本にまとめておかねばと『ボランティアナースが綴る東日本大震災』（三省堂）を編集しました。

その後も、災害のたびにキャンナスのメンバーは被災地支援に駆けつけていますが、「できる（can）こと」を「看護師（ナース）」が行うというキャンナスの活動に賛同した訪問看護師が次々と支部を立ち上げ、2019年3月に発足した「キャンナス水戸」には、看護師、助産師、管理栄養士など10人のスタッフが集まりました。こうした専門職による有償ボランティアは、障害や医療ニーズのある人にはとくに嬉しいサービスです。

●キャンナス
https://nurse.jp/service　電話0466-26-3980

介護タクシーなど移動サービスを上手に利用する

高齢者の運転事故が、ますます大きな問題になっています。とはいえ、交通網の発達している都市部と違い、路線バスも少ない地方では車がないと外出の困難はひとしお。とくにひとり暮らしの高齢者にとっては、車のあるなしは切実です。

自動車免許を返上した高齢者にタクシーの割り引きチケットを配布したり、日中空いているデイサービスの車両の提供を受け、買い物支援を行ったりする自治体も増えてきました。要介護状態ではなくても足腰が弱って車の乗り降りが困難な人には、介助の訓練を受けた運転手が送り迎えをする介護タクシーは、安心感のある移送サービスだといえるでしょう。

92ページで紹介したように、介護保険で介護保険タクシーを利用することもできます。しかし、利用できる条件にあっても、介護保険タクシーにはさまざまな制限があるため、自由に使える自費の「介護タクシー」を利用する人も少なくありません。ちなみに、名前がまぎらわしい「福祉タクシー（福祉有償サービス）」は障害者限定です。

料金は、事業所によって時間制を採用しているところと、タクシーのような距離制にしているところがありますが、ふつうのタクシーよりもやや割高で、これに迎車料金や車いすなどの備品使用料が上乗せされます。

移動サービスには「民間救急車」もあります。救急走行はできませんが、医療機器が搭載され、必要な場合は看護師や救急救命士が同乗し、医療処置を施すこともできます。緊急性をともなわない入退院や転院、空港への送迎のほか、最近では医療処置を必要とする人の外出や、寝たきりの人の旅行、さらにお花見などのレジャーにも利用されることが増えてきました。

民間救急車の料金は15キロメートル未満の短距離では距離制、それ以上だと時間制（1時間5000円程度＋30分ごとに2500円程度）としている事業所が多いようです。これにオプションとして、ストレッチャー、医療用酸素などの機器、ヘルパーによる介助、看護師の同乗などの料金が加わります。民間救急車はまだまだ台数が少なく、料金にもかなりの差がありますから、インターネットで事前に料金をチェックし、早めの予約をお勧めします。

少々ややこしい移動サービスについて、わかりやすく説明した冊子を世田谷区がウェブサイトに掲載しています。車両の種類、事業者の特徴、広域の配車センターの連絡先などの情報がありますので、一読してみてください。

●せたがや福祉移動サービス案内
http://www.city.setagaya.lg.jp/kurashi/105/144/596/d00012285_d/fil/H30_sabisuannai_1.pdf

もっと利用したい地域の相談場所

この10年間、医療や介護をテーマにした市民・住民向けの講座活動を続けています。そこでずっと感じてきたのは、健康、医療、介護についての相談が気軽に受けられ、地域の医療・介護の情報が手に入れられる場所を、介護家族や住民が切実に求めているということでした。ワンストップの相談場所としては、地域包括支援センターがありますが、少ない人数で相談から調査、訪問まで、さまざまな業務に追われるセンターでは、「気軽に相談」というわけにいきません。

介護家族が介護の悩みを共有したり、情報の交換をしたりする場所には、「介護家族会」があります。それに加えて最近では、介護家族がもう少しゆるやかに集まれる「ケアラーズカフェ」も増えてきました。認知症の本人、家族、住民が集う「認知症カフェ」は、いまや全国6000

か所以上。訪問看護師など在宅ケアの専門職が中心となり、暮らしや健康、医療、介護の相談を住民から受けながら、地域の健康を支える居場所となっている「暮らしの保健室」などの〝保健室〟も、少しずつ増えています。

インターネットには、ケアの専門職が悩みや相談に答えるサイトもいくつかあります。そうした相談場所の情報を入手し、相談の内容によって使い分けることで、ケアに対する知識も増えてきますし、問題解決の手がかりにもなります。

地域での相談場所は仲間づくりの場ともなりますので、ぜひ一度訪ねてみてください。

介護家族会など介護家族の集まりに参加する

多くの自治体には介護家族が主催したり、地域包括支援センターや社会福祉協議会（社協）が支援する「介護家族会」があります。介護情報はインターネット上にあふれ、介護の悩みに答える相談サイトもありますが、同じような悩みをもつ介護家族が悩みや情報を分かち合いながら、顔を合わせて話し合える介護家族会は別物です。

家族会は主催する人によって、内容もかなり異なります。親や伴侶の介護が終わった先輩たちが後輩の悩みを聞く会もあれば、医療・介護の専門職を交えて相談に応える会も、勉強会やセミナーを取り入れている会もあります。交流と息抜きのため、日帰り旅行や宿泊旅行などを開催している家族会も、男性介護者だけが集まる会もあります。開催場所は公民館や区民会館など公共施設の一室で、月1回開催されることが多いようです。

多くの市区町村のホームページでは、介護家族会の一覧を掲載しています。地域包括支援センターが情報をまとめていることもありますので、問い合わせてみましょう。介護や医療の情報がほしい人、介護のストレスを感じるようになった人は、まずは日程が合うところや、自宅から行きやすいところから訪ねてみるといいと思います。会は主催者と参加者によって内容も雰囲気も異なりますので、自分が気持ちよく参加できる会を探してください。

介護家族会には、認知症の人の介護や男性による介護、若年性認知症、高次脳機能障害などに特化した会もあります。全国的なネットワークをもっているのが、「認知症の人と家族の会」。全国47か所に支部があり、本人同士、介護家族、男性介護者が集まり、情報交換、介護の相談、勉強会などを行う定例の「つどい」のほか、認知症に関する電話での相談も受け付けています。

がんや難病など、特定の病気についての患者会や患者家族会もあります。がんの患者団体・支援団体の連絡先は「東京都福祉保健局」のサイトに。がん患者の常設サポートセンターには、後述する「暮らしの保健室」を主宰する看護師の秋山正子さんが立ち上げた「マギーズ東京」があります し、「日本難病・疾病団体協議会」のサイトでは91の加盟連絡協議会と患者・家族団体が、「難病情報センター」のサイトでは全国94の難病患者会・家族会の連絡先が紹介されています。

また、介護者支援を続ける「介護者サポートネットワークセンター・アラジン」では、介護者への電話相談を行っているほか、若い世代の介護者がつながるサロン、立ち上げを支援したケアラーズカフェを含む「介護者の会」などの情報を提供しています。

インターネットで介護の専門職に相談できるウェブサイトには、「安心介護」「介護110番なんでも相談室」など、認知症の人の介護に関しては「相談e-65.net」があります。こうした場で相談することから、悩み解決のヒントが見つかるかもしれません。

認知症やがん、慢性の痛みを抱える本人と家族270人の「語り（体験談）」を、動画と音声、テキストで掲載しているサイトもあります。「ディペックス・ジャパン」の「健康と病いの語り」データベースは、診断時の思いや治療法の選択、副作用の経験などが医学的なチェックを経て語られているのが特色で、本人や家族の「生の声」が聞ける貴重なサイトです。

●認知症の人と家族の会
http://www.alzheimer.or.jp/
●東京都福祉保健局　がん患者団体・支援団体
http://www.fukushihoken.metro.tokyo.jp/iryo/iryo_hoken/gan_portal/soudan/kouryu/dantai/index.html
●マギーズ東京
https://maggiestokyo.org/service/
●日本難病・疾病団体協議会

https://nanbyo.jp/jpatowa/kamei/

●難病情報センター

http://www.nanbyou.or.jp/entry/1364

●介護者サポートネットワークセンター・アラジン「介護者の皆さまへ」

http://arajin-care.net/carer/

●安心介護

http://ansinkaigo.jp/member/

●介護110番なんでも相談室

http://www.kaigo110.co.jp/

●相談e-65.net

http://sodan.e-65.net/kaigo/index.html

●ディペックス・ジャパン「健康と病いの語り」

https://www.dipex-j.org/

さまざまな認知症カフェ

「認知症カフェ」は家族会やケアラーズカフェよりも、さらにゆるやかな集いの場です。オランダの「アルツハイマーカフェ」をモデルに、厚労省が2012年にスタートした認知症施策推進

５か年計画（通称「オレンジプラン」）で「認知症の人と家族、地域住民、専門職等の誰もが参加でき、集う場」と定義し、その後、「新オレンジプラン」の中心施策として推進。多くの市区町村が助成金を設けたことで、いまでは全国で開かれています。

「認知症カフェ」では、認知症の本人、介護家族、ケアの専門職に、認知症に関心のある住民も加え、講座型からレクリエーション型まで、さまざまなかたちで開かれています。開催は月１～２回が多く、運営は市民・住民、ＮＰＯ、社会福祉法人や介護事業所、医療法人、地域包括支援センターなど。会場も公共施設から介護施設、居酒屋まで多様です。

なかにはスターバックスコーヒーなどの協力を得て、店舗の一角で開催している「カフェ」や、〝認知症〟を表に出すと参加者が広がらないということで、「オレンジカフェ」「ほっとカフェ」など、親しみやすい名前をつけている会もあります。参加費は無料～５００円。多くのカフェにはケアの専門職が参加し、おしゃべりのなかで相談に乗ったりします。

内容は多種多彩で、全国の認知症カフェを取材する写真家のコスガ聡一さんによると、流れは４つ。①介護家族が集まり、相談や傾聴、勉強会などをする「家族会」系（運営は本人と家族、家族会など）、②レクリエーション、介護予防をする「ミニデイサービス」系（運営は医療・介護事業者、行政など）、③飲食をしながら多世代が交流する「コミュニティカフェ」系（運営者はさまざま）、④アルツハイマー協会の指導でプログラムに沿って行う「アルツハイマーカフェ」系（運営は研修の受講者など）で、多いのは①と②です。

世話人のひとりとして私も参加する、介護家族と介護専門職が集う「ケアコミュニティせたカフェ」が東京都世田谷区で2014年から続けている「認知症カフェ」は、この流れでいえば①でしょうか。デイサービスに会場を提供してもらい、認知症にかかわる医療・介護などの専門職をゲストに、ミニ講座と参加者のおしゃべり・相談タイムを半々で、1回2時間行っています。

せたカフェの場合は、広い観点から認知症を学ぶ「認知症カフェ」と、日々の介護に実際に役立つ技術を身につける「介護家族のための実践介護講座」を隔月で組み合わせているのが特色です。参加費はいずれも500円。行政からの助成は受けていません。

PRや参加者の募集は、広報誌、インターネットのフェイスブック、口コミなどで行い、毎回20〜40名が参加します。「認知症カフェ」ではゲスト専門家による「相談コーナー」があり、スタッフの介護専門職と家族会の主宰者も、介護家族からの相談に応じています。また、おむつのつけ方や移動の介助、着替えの仕方などを、介護家族・住民と医療・介護の専門職が一緒になって楽しく学ぶ介護講座も好評です。

そんなカフェもあれば、音楽や映画、アロマテラピーなど、認知症の人が参加しやすいプログラムを組んで、ゆるやかなひとときを提供しているカフェもあります。ゲームや体操を中心にしているカフェもあり、アプローチはそれぞれですが、誰でも発症する可能性のある認知症に対する正しい知識を身につけ、認知症に対する偏見をなくすきっかけになることが目的です。「認知症について学びたい」「いま起こっている問題の解決方法を知りたい」「認知症の本人と一緒に楽しめる場がほしい」「介護からの息抜きがしたい」など、参加者の目的もそれぞれです。認知症はいまや要介護になる原因のトップ。認知症と診断されて要介護認定された人は約２割でも、実際には要介護者の８割は認知症状を抱えているといわれます。それだけに本人や家族の悩みが多いのも認知症です。

多くの市区町村では認知症カフェをホームページで紹介しています。神奈川県では県内の介護家族会と認知症カフェ一覧を掲載。市区町村の高齢者福祉の窓口のほか、地域包括支援センターや地域によっては社会福祉協議会が情報をもっていますので、問い合わせてみてください。

朝日新聞社の認知症をテーマにしたウェブサイト「なかまぁる」でも、認知症カフェを検索できます。また、認知症高齢者の介護に関する研究の中核機関「認知症介護研究・研修仙台センター」では、認知症カフェの事例を集めた事例集「よくわかる！　地域が広がる認知症カフェ」をウェブサイトに掲載していますので、ご覧ください。

●神奈川県「認知症カフェ、本人・家族のつどいのご案内」
http://www.pref.kanagawa.jp/docs/u6s/cnt/f6401/p1141652.html
●なかまぁる　認知症カフェ検索
https://nakamaaru.asahi.com/cafe/
●認知症介護研究・研修仙台センター「よくわかる！　地域が広がる認知症カフェ」

https://www.dcnet.gr.jp/pdf/cafe/ninchosyo-cafe.pdf

地域とともに歩む「暮らしの保健室」

学校に保健室があるように、高齢者が居場所にできる気軽な相談場所〝保健室〟が地域にあったらいい。東京都新宿区で訪問介護を20年以上続けてきた看護師、助産師、保健師でもある秋山正子さんが、そんな思いとともに２０１１年、区内の戸山団地に立ち上げた「暮らしの保健室」は、「こんな場所がほしかった」と、多くの反響を呼びました。

〝保健室〟は福井県福井市の紅谷浩之医師が、気軽に健康相談ができる場所として２０１３年に開いた「みんなの保健室」を加えると、全国に50か所。日本看護協会が推進してきた「まちの保健室」も含めると、全国約４００か所に広がっているといわれます。

国土交通省によると、全国の公営住宅は約２１６万戸。なかでも障害者や生活保護受給者も入居する公営団地では、60歳以上の入居者が約6割にのぼります。「暮らしの保健室」は、そうした高齢化団地のニーズに応えてできた相談場所の先駆けでした。

ここでは医療や介護、健康、暮らしの困りごとなどの「よろず相談」が誰でも予約なしにできます。熱中症などの勉強会、ヨガや手芸、食事などを楽しむ「サロン」もあり、室内には、おしゃべりや食事ができる長テーブルや、週1度の昼食会の調理にも使われるミニキッチン、相談スペースに加えて、ベッドも置かれているのが特色です。

開設時間は平日の9時から17時まで。常駐の看護師のほか、曜日によって薬剤師、管理栄養士、カウンセラーが在駐し、住民のさまざまな相談に乗っています。さらに地域包括支援センターと連携し、看護師が医療コーディネーターとして、病院と地域の在宅医療の橋渡しもしています。新宿区からはがんの療養相談事業を受託し、患者と家族の相談にも応えます。ボランティアの多くは看取りを経験した家族。今度は自分が社会の役に立ちたいとボランティアになるなど、〝保健室〟は地域ボランティアを育てる場ともなっています。

認知症で混乱しては「暮らしの保健室」に立ち寄る、80代のひとり暮らしの女性が今日もやってきた、と秋山さんが話してくれました。台風前で落ち着かないのかもと思いながら、ボランティアが相槌を打ちながら忍耐強く話を聞いているうちにだんだん落ち着き、「ここへ来たら、話をよく聞いてもらえる」と言って帰っていったそうです。

「私たちがつくりたいのは相談だけではなく、住民が相互に支え合ったり助け合ったりできる場」と秋山さん。そうした場を増やして、「どんなふうに暮らしを続けたいのか」「そのために何ができるか」を住民たちと話し合う努力を続けていきたいと言います。

「誰でも気軽に」来てもらうためには常設することが必要とあって、資金と人材の確保が大きな課題の〝保健室〟。埼玉県幸手市では、東埼玉総合病院の中野智紀医師が院内に立ち上げた「コミュニティケア拠点　菜のはな」のスタッフが、公民館、個人宅、お寺、工務店、蕎麦屋など37か所に「暮らしの保健室」の「出前」をし、年間３０００人近くの地域住民が参加しています。

また、埼玉県草加市で看護師の服部満生子さんたちが開く「みんなの保健室　陽だまり」は、喫茶店、空き家事業の一軒家、薬局、市民活動センターの4か所で月8回、子どもから高齢者まで、健康相談を交えた「居場所」をつくり、「おたがいさまのコミュニティ」を広げるなど、「自分のまちに保健室を」と考える人たちが、さまざまな知恵を絞りながら活動を続けています。

東京都昭島市では、空き店舗の目立つ団地の商店街にあるデイサービスの一角で、２０１８年10月に「暮らしの保健室『多摩』」がオープンしました。室長の間渕由紀子さんは、長年、大病院の地域連携部門や、在宅支援診療所で医療相談や出張講座などを手がけてきたベテラン看護師です。

開設は週４日。間渕さんは電話と面談で相談に乗り、地域の高齢者や家族の困りごとや不安に寄り添って、ときには相談者宅や病院にまで出向き、問題の解決に奔走しています。月1回は、認知症を正しく理解してもらおうと、団地内の集会室で「カフェ」を開催。参加者からは「体操あり、歌ありで楽しかった」と好評です。国は「通いの場」を広げようとしていますが、専門職と住民がともにつくる「よろず相談室」は、今後さらに必要になってくると思います。

●暮らしの保健室
https://www.hakujuji-net.com/infirmary
●住民主体で動き出したケアのまちづくり「幸手モデル」

https://www.attention-healthcare.com/third-issue/323
●みんなの保健室　陽だまり
https://hidamari.localinfo.jp/
●暮らしの保健室「多摩」
http://tutuji-kaigo.com/kurashi/kurashi.html

各地に広がる〝保健室〟

「しっかり食べて、すっきり出して、用事（行くところ）をつくると、ぐっすり眠れ、また食べることができる」。こんな言葉をキャッチフレーズに、看護師の中村悦子さんが開いた「みんなの保健室わじま」は、地方ならではのニーズに応えてユニークな活動を続ける〝保健室〟です。

輪島塗と漁業で栄えてきた石川県輪島市は、いまや高齢化と過疎化が大きな課題となった地方都市。市立輪島病院で看護師として栄養サポートに取り組んできた中村悦子さんは、31年間の病院勤務に終止符を打ち、2015年4月にショッピングセンターの一角に「みんなの保健室」を開きました。長年、病院の在宅医療部で訪問看護師を続けるなかで、低栄養や誤嚥性肺炎で入院し、治らないまま病院と自宅を行き来して、胃ろうをつけられ施設に入る多くの高齢者の姿を見て、「病院に来る前に、健康を軌道修正することが必要。地域でその係になろう」という思いが日増しに強くなったからです。

「みんなの保健室」には、健康や生活上の困りごとを気軽に相談できる「ケアラーズカフェ」、石川県では初の支部として全国で75番目に名乗りを上げた全国訪問ボランティアナースの会キャンナスの「キャンナスわじま」事務局、そして地域栄養アセスメントの拠点も併設しています。「ケアラーズカフェみなぎ」では、きざみ食、とろみ食などにも対応する日替わり「ワンコインランチ」もスタートしました。栄養についての相談ばかりではなく、笑いヨガ、エンディングノートの書き方などさまざまなミニイベントも取り入れています。ランチにやってきた人の買い物袋の中身を見ることで、地元の人たちの食生活にも具体的にかかわることができるようになりました。漁師と輪島塗の職人の多い輪島では、漁のない冬場の過飲過食や運動不足などによる糖尿病が大きな問題だからです。

高齢者をショッピングセンターから自宅まで無料で送り届ける「お送りサービス」も始めました。時給1000円の有償ボランティアの費用はショッピングセンター、ボランティア保険はキャンナスと一緒、車は知り合いの介護事業者が提供するという協力体制で実現しました。介護事業所や福祉施設と協力し、送迎車を利用して高齢者をスーパーなどに連れていく買い物難民支援は各地で増えてきましたが、人が集まる商業施設で地域住民の健康づくりと居場所づくりを行いながら、移動支援まで行うのは全国でも珍しい試みです。

中村さんの念願だった訪問看護ステーションが、障害者施設「地域生活支援ウミュードゥソラ（海と空）」のなかで立ち上がったことで、2018年4月に「みんなの保健室わじま」は同施設の自主避難スペースに移転しました。床暖房のある70畳の快適なスペースではこれまでと同じようにランチを提供。

「老いても病んでも障害があっても、子どもから高齢者まで気軽に集える地域の居場所」。そうした安心できる場所が、皆さんのまちにもきっとあると思います。アンテナを広げ、情報をつかみ、そこに参加しながら、一緒にできることを見つけてください。

●みんなの保健室わじま・訪問看護ステーションみなぎ（社会福祉法人　弘和会「地域生活支援ウミュードゥソラ」内）
電話０７６８-２３-４４１１

ホームホスピスという「最期を過ごす家」

自宅で最期まで暮らしたいが、家族に介護力がない。そんな人たちに「第二の自宅」として選ばれているのが、病気があっても自宅のような環境で、人生の最期まで暮らせる民間のケア付き住宅「ホームホスピス」です。

２００４年に宮崎市の「かあさんの家」から始まったホームホスピスも、全国44か所に広がりました（２０１９年4月30日時点）。ホスピスというと末期のがんの人だけと思われがちですが、ここでは病気の種類や障害の程度、年齢などの制限はいっさいありません。「自宅のような」がモットーなので、民家などの空き家などを活用し、1軒につき5~6名が生活しています。

ホームホスピスを運営する賛同者の多くは、医療・介護の現場で長年働いてきた看護師や介護福祉士たち。病院や施設で行われるケアに疑問を抱き、飛び出した人たちです。宮崎、神戸、秋田、宮城、東京など、いくつかのホームホスピスを見学しましたが、古民家、民家、マンションの一室とそれぞれの家の雰囲気は違っても、ゆったりしたケアのなかに「家族のような温かさ」が漂っています。

日々のケアに必要なサポートは、介護保険サービスと生活に必要なそれ以外のサービス。毎月の費用は、介護保険の自己負担分や医療費を除き、14万~18万円程度です。暮らしのなかでの看取りをしたいけれど、自宅では無理という家族にとっても「第二の自宅に」なるようにと始まったホームホスピス。病院でも施設でもない、終《つい》の住みかにもなりうる暮らしの場として、選択肢に入れておくと安心かもしれません。全国ホームホスピス協会のホームページでは、そうした全国の「家」を掲載しています。

●全国ホームホスピス協会
https://homehospice-jp.org/

第5章 介護離職をしないために

介護離職者10万人時代

総務省統計局では、15歳以上を対象に全国の就業状況を5年ごとに調査した「就業構造基本調査」を発表しています。２０１７年の調査によると、仕事に就いている人は６６２１万３０００人、仕事に就いていない人は４４７６万４０００人。そのうち介護をしている人は全国で６２７万６０００人で、半数以上（男性では65・３％、女性では49・３％）が仕事をしながら介護をしています。中心になるのは40～50代で、単身者が３割弱です。

いっぽう、介護離職した人は過去1年間で９万９０００人。安倍政権は「新・３本の矢」のひとつとして２０１５年に「介護離職ゼロ」を掲げたものの、介護のために離職した人の数は２０１４年からほとんど減っていません。内訳は男性２割、女性８割。10年間のスパンで見ると介護離職者は2倍に増えています。

内閣府男女共同参画局の「育児と介護のダブルケアの実態に関する調査報告書」（２０１７年）によると、育児と介護の「ダブルケア」を担う人は約25万人に達します。ダブルケアラーは30代～40代が中心で、周囲に介護を経験する人が少ないためママ友には相談しにくく、高齢者の介護者との接点もなかなかありません。ダブルケア経験者では、女性の３人に１人、男性の４人に１人が離職していました。

原因はやせ細る介護保険サービスと制度整備の遅れ

総務省の調査をもとにした大和総研のレポート「介護離職の現状と課題」を読むと、介護離職の原因は、介護施設の数が少ないのに加え、特別養護老人ホーム（特養）の入居基準（原則、要介護３以上）に満たない要介護者が増加していること、急増する介護度の低い認知症の人が必要な介護保険サービスを受けにくいこと、介護休業などの制度を整備している会社が少ないことなどがうかがえます。

私の周囲には、親の介護をきっかけに離職した人が少なくありません。なかには40代半ばで離職し、母親に続いて父親の介護が続いたため、60歳近くになっても親の年金で暮らしている人もいて、「数年の辛抱だと思ったのが誤算でした」と、出口の見えない苦しさを語っています。40代で会社を辞めて実家に戻り、親の介護をしているうちにうつ病になってしまった人もいます。父親は亡くなり、現在は母親を介護していますが、うつ病のために仕事ができず、障害年金と母親の年金で暮らす毎日です。

５年ほど前、介護離職した人たちに協力してもらい、「介護離職をしない」というシンポジウムを開きました。そのときも経験者たちは口々に仕事を辞めたことへの後悔と、再就職の難しさを語っていました。

実際、介護離職後の再就職は困難で、２０１８年に公表された総務省の調査では、介護離職者のうち再就職できた人は43・８％。半数以上が再就職できていません。介護離職をすると再就職が難しくなるばかりでなく、経済的にもかなり苦しくなるのが現状です。

介護離職は誰のためにもならない

企業のコンサルタントとして、介護離職を考える社員に個別相談を行っているソーシャルワーカーの川内潤さん（となりのかいご代表理事）が最初にアドバイスするのは、「介護離職は誰のためにもならない」ということです。

川内さんによると、大企業でも社員の介護支援に取り組んでいるところはまだまだ少なく、働く介護者の9割は制度を利用していません。会社側が介護離職による会社の損失を把握できず、社員にとっては介護を口にしづらい環境のなかで、相談場所を知らず介護についての予備知識もない社員は、いざ介護に直面すると「自分がやるしかない」と思い詰めてしまいます。「なぜ、あなたがずっとそばにいなければいけないのか」「おむつ交換は、いまの仕事を辞めてまであなたがやらなければならない仕事なのか」……。

在宅介護と施設介護で長年、専門職として介護にかかわってきた川内さんが、介護離職を考える人の意識をときほぐしていくと、「辞めたくない」という本音や、「自分の役割はそこではないんですね」という意識の転換が出てくるそうです。

「仕事を辞め、介護で密着し続けることで、家族関係が崩れる可能性も出てきます。介護離職してみんなが幸せになればいいけれど、そうなるわけではありません。とくに男性は『自分がやらなくちゃ』という責任感から、ひとりで抱え込んでしまいがちです。仕事と同じように成果を求めて介護をするので、それができないと自分を責め、思い通りにならない親や妻への虐待につながることもあります」

がんばりすぎる介護は、強いストレスの原因にもなります。毎日新聞のアンケート調査（2016年）では、在宅介護をしている7割の人が「精神的・肉体的に限界を感じたことがある」と答え、2割の人が「暴力をふるったことがある」と答えていました。

介護離職の先には、収入の激減、再就職の困難さをはじめ、介護が終わったあとの自分自身の人生の問題も待ち受けています。ですから、介護離職をする前に考えていただきたいのが、「介護休業」「介護休暇」をはじめとする制度や、仕事と介護を両立させるための勤務先の支援制度、そして、介護保険サービスを賢く利用することです。

「介護が必要になったら、まず地域包括支援センターへ」とPRされているものの、実際にはその存在を知る人はほとんどおらず、本当に困った状態になってから来る人が多いといわれます。問題がこじれないうちでしたら、いろんな解決策があります。介護の問題を重症にしないために、早いうちに「SOS」を発したいものです。そしてもうひとつ、働く人が社内で介護について話しやすい環境を企業がつくることも大切です。そうした環境がないと社員は「カミングアウト」できず、ひとりで介護を抱え込むことになります。

介護離職による経済損失は約6500億円、所得損失は約2700億円といわれます。育ててきた人材が辞めることで貴重な戦力が会社から失われるかもしれませんし、介護が始まると休む回数が多くなるため、部署内での仕事の調整も必要になってきます。それをスムーズに行うためにも「仕事を辞めなくて済む」環境をつくることは、本人にとっても会社にとっても大きなメリットとなります。

働く介護者が利用できる制度と公的給付

「仕事と介護の両立」を支援する法律には、「育児・介護休業法」があり、正社員ばかりか、同一事業主に1年以上続けて雇用されていることなどの条件を満たすアルバイトやパート、派遣社員や契約社員にも適用されます。会社によっては法律を上回る内容の制度を整備している場合もありますので、自分の会社の制度も確認しておきましょう。

まず知っておきたいのは「介護休業」と「介護休暇」の制度です。育児・介護休業法で定められた「要介護状態」というのは、ケガや病気などにより、2週間以上にわたって常に介護を必要とする状態のことで、対象家族が要介護認定を受けていなくても、介護休業の対象となり得ます。また、「常時介護を必要とする状態」については判断基準が定められていて、その基準に従って判断されます。

対象家族というのは配偶者（事実婚を含む）、父母、子、配偶者の父母。祖父母、兄弟姉妹。孫に関しては、同居し扶養している場合に限っていましたが、２０１７年の改正後は、同居・扶養していなくても対象家族の範囲になりました。

「育児・介護休業法」と仕事と介護の両立についての情報と資料は、１６７ページでまとめています。

遠距離介護という選択

故郷の親が倒れたことで、仕事を辞めて郷里で親の介護に専念する人も少なくありません。

『おひとりさまでも最期まで在宅』（２０１３年、築地書館）を書く前に、団塊世代の知り合いを中心にメールでアンケートを取り、約３５０人から回答をもらいました。

「介護中、または介護をしたことがある」と答えた人のなかには、親の介護で郷里に戻ったという人が何人もいて、「仕事をもつ妻が仕事を辞めたくないというので、自分だけ先に戻って実家の農園をやっている」という元銀行マンの男性もいました。

遠距離介護をどう成功させるか

10年ほど前になりますが、仕事仲間だった康夫さん（当時50代前半）に久々に会ったので、近時～午前５時の労働）の制限を請求できます。請求回数に制限はなく、介護が終わるまで必要なときに利用することができます。

■転勤に対する配慮

転勤によって介護が困難になる場合は、配慮しなければならないとされています。

■不利益取り扱いの禁止

介護休業などの制度の申し出や利用を理由に、解雇などをすることは禁止されています。「介護休業等に関するハラスメント防止措置」として、介護休業などの制度の申し出や、利用を語ったことでいやな目にあわないよう、会社は社員などからの相談に応じ、適切な対応のため必要な体制の整備などを行わなければなりません。

厚生労働省では「仕事と介護両立のポイント～あなたが介護離職しないために」という冊子を作製しています。また、介護休業などの両立支援制度について詳しく知りたい人や、会社に申し出ても制度が利用できない場合は、都道府県の労働局雇用環境・均等部（室）で相談を受け付けています。東京都内で働いている人には、東京都の「TOKYOはたらくネット」の電話・メール相談窓口「とうきょう介護と仕事の両立応援デスク」があります。

●厚労省「仕事と介護両立のポイント～あなたが介護離職しないために」
https://www.mhlw.go.jp/file/06-Seisakujouhou-11900000-Koyoukintoujidoukateikyoku/29_syosaiban_all.pdf

●全国の労働局雇用環境・均等部（室）一覧
https://www.mhlw.go.jp/content/000177581.pdf

●東京都「とうきょう介護と仕事の両立応援デスク」
電話0570-00-8915
https://www.hataraku.metro.tokyo.jp/kaizen/ryoritsu/desk.pdf

育児・介護休業法

■介護休業

要介護状態にある対象家族ひとりにつき通算93日まで、３回を上限として介護休業を取得することができる制度です。介護休業中に会社からは、通常、給料は支払われませんが、ハローワークで申請すれば、給与の67％の「介護休業給付金」が雇用保険から支給されます。93日を３分割し、１回目は介護をスタートするためにケアマネジャーを見つけ介護態勢を組む、２回目は介護が困難になってきたときに老人ホームなどを探すために使う、最後は看取りのために休みを取るなどの使い方もできます。

■介護休暇

要介護状態にある対象家族がひとりであれば年５日まで、２人以上であれば年10日まで、１日単位または半日単位で取得できる制度。要介護認定の申請、認定調査の立ち会い、ケアマネジャーとの話し合い、ケアカンファレンス、入院や手術時の担当医との話し合いなど、臨機応変に使えます。介護休暇中の給与については各企業の判断となり、無給の場合も少なくありません。介護休暇を取っても給与が支払われるかどうかを、会社に確認しておきましょう。

■勤務時間の「短縮措置」

通常の勤務時間を短縮できる制度。３年間に２回以上（上限は決まっていない）、①週または月の所定勤務時間の短縮、②フレックスタイムの利用、③始業・就業時間の繰り上げ・繰り下げをする「時差出勤」、④介護サービスの費用の助成を利用することができます。回数と①～④のどれをサポートするかは企業にゆだねられていますが、短縮した時間を、買い物、家事などを含めたさまざまな介護に充て、介護休業、介護休暇と組み合わせて使うこともできます。

■法定時間外労働の制限

１か月に24時間、１年に150時間を超える時間外労働が免除されます。

■深夜業の制限

1回の請求につき１か月以上６か月以内の期間で、深夜業（午後10

況を聞くと、母親の介護で毎週末、実家の京都に通っているということでした。「毎週末は大変でしょう」とたずねると、「まあ、慣れましたから」と答えるのですが、詳しく話を聞いてみると複雑な内情がわかってきました。奥さんの協力が得られないというのです。

京都でひとり暮らしをしていた康夫さんの母親は、骨折で入院したのをきっかけに要介護状態になりましたが、できるだけ住み慣れた自宅で暮らしたいと言っています。そこで、週末の遠距離介護に協力してほしいと専業主婦の妻に頼みましたが、もともと姑とあまり仲が良くなかった妻は、「お義母さんには施設に入ってもらったほうがいいんじゃない？」と、交代で京都に通うことに同意してくれません。

「そんなにお義母さんのことが心配だったら、自分だけで通えば」と言うので、康夫さんはなかば意地になって毎週末2泊3日の帰省を始めました。金曜日に仕事が終わると、新幹線に飛び乗ります。そして、母親の話を聞いたり、買い物をしたりして、日曜日の最終の新幹線で東京に戻ってきます。

しかし、慣れない介護と仕事のストレス、おまけに妻との口論も増えてきて、実は心身ともにボロボロだと話してくれました。「毎週じゃなくてもいいんじゃないの？」と助言してみましたが、「それでは、僕の気が済まない」と答えます。「私も介護しているので、困ったら連絡してね」とメールアドレスを渡しましたが、結局、連絡はありませんでした。

この康夫さんとの出会いが、「遠距離介護」を考えるきっかけになりました。親の介護については先送りしていましたが、郷里で暮らしている両親のどちらかが倒れたら、ひとり娘の私がいつかは遠距離介護をしなければなりません。

75歳までは元気だった両親ですが、80の声が近くなるとC型肝炎による肝硬変や心筋症などの持病を抱える母の体調が下り坂になってきました。そこで、腰痛で家事がつらいと母が電話でもらしたのをきっかけに、要介護認定の申請を勧めました。「まだいらない」と言い張る母を説得し、「東京に住む娘ですが」と母の住むまちの市役所の介護保険課に電話して要介護認定申請の方法を聞くと、「郵送でかまいませんよ」と申請書を東京の自宅に送ってくれました。

申請書を郵送したあと、担当者から要介護認定調査の日取りの問い合わせが電話であったので、母の予定と合わせて日取りを決め、立ち会うために1泊の日程で実家に戻ることにしました。そのときの認定は「要支援1」。母は結局、介護保険のサービスを使うことはありませんでしたが、「郵送で認定申請ができる」など、電話1本でできることの多さを知りました。

遠距離介護、私の場合

そのころから、帰省するたびに両親の老いを感じるようになりました。父が母のもの忘れを気にするようになったので、帰省する回数を少し増やし、冷蔵庫やクローゼットのなかをこっそりチェック。同じものを買いこんだり、片付けが乱雑になっていないかを確かめるようにしました。

電話をかける回数も増やし、生活状態や趣味の会の話なども聞くようにし、帰省したときは冗談まじりで両親の年金や預貯金がいくらあるのかを聞いたり、要介護状態になったらどうしたいか、看取りはどこで受けたいかなども、お酒の入る夕食時に聞き出しました。さらに、帰省の日を母の通院日に合わせ、診療所に同行してかかりつけ医に挨拶し、看護師さんたちにも娘の顔を覚えてもらうようにしました。

そんなことが数年続き、母が89歳になったある日、かかりつけ医から電話が入りました。母が診察予約をときどき忘れるようになったため認知症の簡易テストをしたところ、20点以下が認知症が疑われるとされるテストで16点だったというのです。

病院を紹介するというので父に電話で事情を説明し、検査に連れていってもらうと、数週間後、かかりつけ医から電話があり、アルツハイマー型認知症の診断を知らされました。父に話すと「お前に任せる」といわれ、数日後に帰省してかかりつけ医に詳しい説明を聞きました。

母のかかりつけ医は運よく、外来の合間に訪問診療をしていました。訪問診療医はケアマネジャーと協力して在宅ケアを行うので、いい紹介者になってくれることがあります。そこで「要介護1以上の判定が出たらケアマネジャーを紹介してください」と頼みました。「心当たりがいます」という頼もしい返事を聞き、その足で地域包括支援センターを訪ねて要介護認定の申請をすると、後日、認定調査の日程調整の連絡が市役所から入りました。

要介護1の認定が出たため、かかりつけ医にケアマネジャーを紹介してもらい、「ヘルパーなんていらない」という母に、まずは他人が家に入ることに慣れてもらおうと、訪問看護師に週1

回入ってもらうことにしました。長年、医療機関に通っている母には、訪問看護師のほうが受け入れやすいと考えたからです。

かくして、「主介護者の私＋見守り役の父＋週1回通院のかかりつけ医＋ケアマネジャー＋週1回訪問の看護師」というチームができたので、両親が親しくしているお隣さんにも母が認知症になったことと私の電話番号を伝え、月1回、2泊3日の遠距離介護が始まりました。

親の顔を見るだけの気楽な帰省が、「介護帰省」に変わったことで、それまで手をつけることのなかった母親の身の回りの整理もするようになりました。そこで発見したのが、山のような残薬。座いすの周囲ばかりか、戸棚のなかにも処方薬が詰めこまれ、冷蔵庫のチェックだけではわからなかった母の認知症の進行をまざまざと知ることになりました。

かかりつけ医、ケアマネジャー、訪問看護師とはメールでやりとりをし、これまでの上げ膳据え膳から、突然、母の世話をすることになった90歳の父への目配りを含め、3人の専門職に母のケアをお願いできたのは、とても幸運だったと思います。

親が元気なうちにできること

私の場合は、親の介護が始まるまでに10年以上、認知症になった友人の介護者をしてきたことと、親が高齢になってから介護が始まったことで、「いつか来る親の介護」にゆっくり備えることができました。

しかし、仕事や子どもの世話に追われ、介護などまだ遠い先のことと思っているときに、突然、遠くで暮らす親が倒れることは少なくありません。郷里の親の老いを感じるようになったら、まずは電話や帰省の回数をいままでよりも少し増やし、親の健康状態や困りごとに意識的に気配りをしていくといいと思います。

そして、第3章で取り上げた介護保険と助成制度についてもおおまかにつかみ、インターネットで親の住むまちの医療や介護の状況を少しずつ調べておくようにしたいものです。どんなことでも「知っておく」と「知らないままでいる」では初動で大きな差が出てきます。

何か心配ごとがある場合は、帰省の際に実家の住所地を担当する地域包括支援センターを訪ね、相談してみるのもいいでしょう。センターでは介護が必要になる前から相談ができ、親がひとり暮らしや高齢の場合は、地域の見守り役の民生委員につないでくれます。

帰省の際には機会を見つけ、親がこれからどうしていきたいかを、できれば預貯金などのことも合わせてそれとなく聞き出しておくといいと思います。親が倒れた場合のケアの分担を、きょうだいなどと話し合っておくことも大切です。介護が始まると、その場の対応に追われ感情的になりがちです。遠距離介護の旅費や介護の分担を誰がどうするのかをあらかじめ相談しておくことで、その後のトラブルにつながる可能性が少なくなるでしょう。

また、親の認知症に備え、印鑑や家の権利書など貴重品がどこにあるのかも確認しておきたいものです。親にはプライドがありますので、こうした話し合いはあせらずに。

郷里の同窓会などにもできるだけ参加し、親の住むまちで友人・知人を増やしていくことも大切です。同じ学校で机を並べた友人たちが医師や看護師になっていたり、役所の職員や介護関係の仕事に就いていることは珍しくなく、施設を含めた情報を教えてくれます。頼りになりそうな親戚や親の交友関係、親のかかりつけ医にも、挨拶をしておくといいと思います。

遠距離介護の利点と弱点

親がひとり暮らしだと、自分の住んでいる場所への「呼び寄せ」を考える人もいます。しかし、親には住み慣れた地域で暮らす安心感や、そこで築いた人間関係があります。子どもに呼び寄せられて同居したり、近くのマンションや施設で暮らしたりしている人たちに話を聞くことがありますが、少し話をしているうちに出てくるのが、「友だちができなくて寂しい」「子どもには申し訳ないが、住み慣れた土地に戻りたい」ということ。とくに方言を使って暮らしてきた人は、新しい場所に居づらさを感じることが多いようです。

また、親を呼び寄せた子どもの側に話を聞くと、「親が同居したことで、夫との関係がぎくしゃくするようになった」「自分の時間がなくなった」ともらす人が少なくありません。これまで別々に暮らしていた親子は、長い年月のあいだにお互い異なった暮らし方をしてきたため、価値観も違います。ときどき会うのなら優しく接することができますが、毎日となると距離感がなくなることで関係性が変わってきます。

遠距離介護の問題は、帰省のための交通費や手土産などで「お金がかかる」ことです。「ふだんの様子がわからない」、親の健康状態や病気が悪化したときに「急な対応ができない」、帰省が増えると「仕事を休むことが多くなる」といった問題も出てきます。

いっぽう、同居しないことで、訪問介護の生活援助が受けやすくなったり、施設入居を考える際に、独居や老々夫婦のほうが特養入居の優先度が高くなる、要介護3以下でも入居の可能性があるといった利点もあります。

遠距離介護の弱点の「ふだんの様子がわからない」「急な対応ができない」については、ケアマネジャーやかかりつけ医、ヘルパーステーションの管理者などと、メールや電話で連絡を取れるようにしておくと、ある程度、カバーすることができます。事業所の規則や「メールが不得意」などの理由で断わる専門職もいますが、メールでの連絡もOKとする専門職は増えてきたようです。とくに「遠距離介護」の場合は、メールでの連絡に応じてくれることが多いと思いますので、相談してみてください。

最近では、本人にかかわる在宅医療・介護と介護家族の「チーム」が、スマートフォンやタブレットを通じて情報共有できる、ITツールも開発されています。いまのところ、それぞれが使っているツールの規格がバラバラなため、なかなか普及していませんが、これからの家族を含めた情報共有の可能性としてITは期待されています。

なお、介護費用は基本的には親自身のお金でまかなうことが大切ですが、遠距離介護の費用についても、親に余裕があるときは出してもらうようにするほうが健全です。そうすれば、金銭にまつわる精神的な負担も減ってきます。

それともうひとつ。「頻繁な帰省」を約束しないこと。親はできるだけ頻繁に帰って来てほしいので、「次はいつ？」と期待します。私は「月1回、２泊３日程度」としましたが、それでも期待がストレスになったことがありました。自分の生活をまず考え、決して無理をしないでください。

遠距離介護で利用したいサービス

私の場合は、母の状態に応じて介護保険のサービスを増やし、実家で母を看取ることができました。最後に寝たきりになった３週間、私が仕事で実家を離れるときは、毎日入ってもらっていた訪問看護師のほか、排泄ケアのためにヘルパーにも1日３回15分ずつ入ってもらいました。介護保険サービスに加え自費サービスも使いましたが、母の自己負担は１割で、医療費も往診費くらい。看取り期間中にかかったお金は10万円程度だったと思います。

母が亡くなったあとは、それまで要介護認定を拒んでいた父を説得して要介護認定を受けてもらい、月1回基本2泊３日の遠距離介護を続けています。父の住むまちでは、後述する自治体の定番「見守り安否確認」サービス（卓上型＋ペンダント型）に、月６００円払えばセンサーがついてくるとケアマネジャーから聞き、さっそく導入しました。

人の動きが24時間ないと警備会社から職員が駆けつける、こうした安否確認サービスを取り入れる自治体も増えています。わが家では使っていませんが、これに加えて食事宅配サービスやスマートフォンのアプリを利用すれば、見守りはさらに手厚くなります。

■航空会社の介護帰省割引

交通費で高額になるのは飛行機代です。頻繁に帰省する人は、航空会社が提供している介護帰省割引を活用するといいでしょう。利用の条件は、被介護者が「2親等以内の親族」と「配偶者の兄弟姉妹の配偶者」「子の配偶者の父母」であることです。

介護割引があるのは「日本航空（JAL）」「全日本空輸（ANA）」「スターフライヤー」の3社。申し込みには家族の「介護保険証・介護認定結果通知書」「戸籍謄本か抄本」「現住所記載書類」などが必要です。割引率は各社で多少異なりますが35％くらい。なお、介護帰省割引よりも「skyticket（スカイチケット）」というサイトで購入できる格安航空券のほうが安い場合もありますので、チェックしてみましょう。

■JRのサービス

JR各社では介護割引はありませんが、「往復割引」や「回数券」「JR＋レンタカー」などの割引サービスがありますし、チケットショップなどでも安いチケットが販売されています。また、JR共通の「大人の休日倶楽部ジパング」（男性65歳以上、女性60歳以上）の会員になると、約4000円の年会費がかかりますが、3割の運賃割引が受けられます。高速バスよりも割高だけど、時間がきちんと読めるのと、駅の専用券売機で指定席を含めた往復のチケットを素早く購入できるので、私はこれを利用して介護帰省をしています。ただし、お盆と年末年始は割引がききません。

■自治体の見守りサービス

仕事と介護を両立するために、望まれているもののひとつが、離れていても高齢者の健康状態や安全を見守ることのできるシステムです。

ひとり暮らしや老々夫婦の高齢者が増えてきたことで、自治体も「見守り・安否確認サービス」にちからを入れるようになってきました。自治体によっては「安否確認電話サービス」、ボランティアによる声かけや見守りサービス、民生委員、町内会、郵便局、清掃局などによる「高齢者見守りネットワーク」、生協やヤマト運輸のような宅配事業者や新聞配達店などとの提携による見守りサービスなどを行っているまちもあります。

さらに認知症の人の外出時の行方不明を捜索する「徘徊感知機器」を貸し出しているところもあります。遠距離介護ならずとも、親や自分の暮らすまちにどんな見守りサービスがあるのか、役所や地域包括支援センターに問い合わせてみるといいでしょう。

見守り安否確認サービスを上手に使う

２０１１年に出版した『おひとりさまの終活』（三省堂）では、東日本大震災でひとり暮らしへの不安が高まったため、「見守り・安否確認システム」について取材し、かなりのページを割いて紹介しました。

当時は、①人が行う安否確認（地域の見守りネットワーク、自治体の事業者との提携サービス、電話による安否確認サービス）、②緊急通報システム、③無線通信機からのメール通信サービス（象印マホービン「みまもりほっとライン」、ガス、電気、水道の使用量連絡など）、④センサーによる24時間の安否確認システム、⑤携帯電話を使った安否確認システム（ソフトバンク「かんたん携帯」、ａｕ「かんたんケータイ」、ＮＴＴドコモ「らくらくホン」）、⑥テレビ電話の6タイプがありました。

それから8年。その間に充実したのはセンサー型と、携帯を使ったサービスに代わって新しく登場したスマートフォンやタブレットを利用する、ロボットも含む「カメラ型」です。まずはお金のかからない自治体の見守り安否確認サービスをチェックし、適切なサービスが見つからなかった場合は、民間企業によるサービスの利用も視野に入れるようにしましょう。民間のサービスは機能も料金もさまざまなので、利用する高齢者の健康状態や好み、予算に合わせて考えたいものです。サービスの特徴とザックリとした費用を１８３ページに挙げてみました。

どうする？　離れた親の突然の入院

遠距離介護をしていると、いちばんドキドキするのが深夜や明け方の電話です。母が認知症の診断を受けて1年目の明け方、母を救急搬送したと父が電話をかけてきました。実は「胸が苦しくなった」と騒いだ母に、動転した父が救急車を呼んでしまったのですが、高齢の両親にはいつ何が起こるかわかりません。近距離ならすぐに病院に駆けつけることができますが、遠距離では難しいこともあります。そこで、帰省した際に父と「緊急時の手順」を決めました。

まずは、救急搬送かどうか迷った場合です。事前の相談先には「＃７１１９」やスマートフォン用アプリ「Q助（全国版救急受診アプリ）」がありますが、「＃７１１９」は両親の住むまちでは導入していません。そこで、母を担当する訪問看護師の「夜中でも、まず私に電話を」の言葉に甘え、何かあったら訪問看護師に連絡を入れ、指示を仰ぐように父に言いました。訪問看護師は母のかかりつけ医とも連携していますので、そのどちらかかが、私に連絡を入れてくれます。

日ごろから、入院の準備をしておくことも大事です。過去に何度か入院したことのある母は、パジャマや肌着、タオルなど入れた「入院バッグ」を用意していましたが、その中身を入れ替え、置き場所と保険証のありかを父に知らせました。緊急入院の場合は、病院には入院時の有料アメニティサービスがありますので、それを短期間利用することもできます。

母はその後、結核疑いで検査入院を10日しただけで、自宅で看取ることができましたが、この本を書いている最中に父が自宅で転倒。一晩そのままでいたためか、骨折はなかったものの肺炎を起こし、入院するという事態が起こりました。

独居で要介護1となった父には、「1日1回の見守り」を兼ね、週5日のヘルパーと訪問看護師が1日入っています。その日もヘルパーが定時に訪問すると、返事がないし、鍵もかかったまま。ヘルパーが呼ぶとうめき声がすると、連絡を受けたケアマネジャーから電話が入りました。幸い父は、自宅につけたセンサーが24時間人の動きを感知しないと、警備会社がかけつけるという自治体の「見守り安否確認」サービスに加入しています。この警備会社に鍵を預けてあるので、連絡を取ってもらいました。警備会社の職員に加え、ケアマネジャーと訪問看護師もかけつけ、父は弱ってはいたものの緊急性はないということで、一晩様子をみることになりました。

翌日、かかりつけ医から病院を手配したとの連絡が入り、ケアマネジャーが福祉タクシーで父を病院に連れて行ってくれました。この間、私は仕事で地方にいたので、すべて電話連絡。検査をしたところ、持病の膀胱がんの肥大が見つかり経過観察、その間に誤嚥性肺炎を再発したりして、入院は思いのほか長引いています。最近は入院期間がますます短くなっていますが、治療の必要な期間は退院を迫られることはありません。10日に1回病院に通って父の要望を聞き、担当医師、医療ソーシャルワーカーと相談しながら、今後のことを早め早めに考えているところです。

入院すると、介護保険のサービスはストップします。病院は完全看護となっていますが、見舞いに頻繁に通えず心配な場合は、様子見のために自費を使い、ヘルパーや訪問看護師に「見舞い」という口実で入ってもらうことも可能なので、ケアマネジャーに相談してみてください。一人暮らしの場合は、「見守り体制」をつくることと、心がまえも含めた「入院」への備え、かかりつけ医やケアマネジャーとの連携が必要だということを、つくづく思い知らされています。

特殊詐欺から高齢者を守る

「母さん、オレだけど……」などで知られる特殊詐欺が、年々、進化しています。２０１８年に発生した特殊詐欺の認知件数は１万６０００件超、被害額は３６３億９０００万円にものぼり、被害者の８割近くは65歳以上の高齢者です。

家族のような口調で、お金が必要になったと泣きつき、現金を犯人の口座に振り込ませる「オレオレ詐欺」、実際には利用していない商品やサービスの代金を請求する「架空請求詐欺」、公的機関職員を名乗る犯人が電話やはがきなどで被害者に接触し、ＡＴＭに誘導して犯人の口座への振り込みを行わせる「還付金詐欺」の３大詐欺では、被害者の９割が高齢者です。

金融機関などと連携した声かけで、振り込め詐欺の約５割は阻止されるようになったといわれますが、最近では犯人グループが、被害者の個人情報を調べる目的で事前にかける「アポ電（アポイントメント電話）」の手口が巧妙化し、家にあるお金の額を聞き出して強盗に入る「アポ電強盗」も増え、被害を受けた高齢者に死傷者も出ています。

高齢の親をもつ人にとって、こうした特殊詐欺は大きな心配事です。電話での応対のときに家族を見分ける合言葉を決めておいたり、「携帯電話をなくした」「電話番号が変わった」と電話を受けたら、必ず手元にある家族の携帯電話番号か、勤務先に確認の電話をかけるよう繰り返し伝えたりすることも大切ですが、警察や自治体が勧めているのは、留守番電話機能や、かかってきた電話番号がわかる発信者番号通知機能のある電話機の活用です。

ガス、電気、水道会社の場合は、自宅のガスメーターをセンターと通話回線で結び、メールなどで定期的に知らせます。料金は東京ガスの「くらし見守りサービス」が月500円から。また、電力会社では、メールでの知らせ方は多少違いますが、検診を自動的に行うスマートメーターのデータをメールで知らせるサービスを行っています。中部電力の「見守りお手伝い」と関西電力の「はぴｅみる電」はスマートメーターが設置してある加入者で会員ならば無料、九州電力の「みまもりサポート」は有料で月540円です。東京電力の「TEPCOスマートホーム遠くても安心プラン」では、家庭の配電盤に設置したエネルギーセンサーからスマートフォンなどにデータが送られ、電気の使用状況を知ることができます。利用に条件のある他の電力会社と異なり、沖縄県と離島以外、全国がサービス対象で、月額料金は2,980円から。料金はサービスによって異なり、設置時には別料金が発生します。

■カメラ型

室内にカメラを設置し、高齢者の様子をライブ映像で家族に届けます。スマートフォンやタブレットを通じて、リアルタイムの映像や録画で親の様子を確認することができ、会話機能を使い話をすることもできます。ただ、「いつも監視されている」という感覚があるので、本人が嫌がることもあります。また、認知症の親の様子を外出時にチェックしている人もいて、人によってはスマホから目を離すことができなくなることもあるようです。話し相手にもなるロボット型を含むカメラ（4,500円程度から）＋スマホは自分でも設置できますが、サービスを利用する場合は、契約料（カメラの補償費を含む）が５万円程度、月額料金は8,000円程度です。

■テレビ電話

お互いにスマートフォンかタブレットを持っていたり、インターネット環境があれば、テレビ電話やスカイプが利用できます。高齢者に使いやすいのはタブレットか、４万～７万円程度で購入できるデスク型のテレビ電話でしょう。顔を見ながら家族と直接話をすることができるので、まだまだ元気な高齢者にはおすすめです。インターネットもソフトウェアもいらず、テレビに直接つなぐだけでテレビ電話が使える方法も開発中です。

見守り・安否確認サービス

■訪問型

配送業者や、専任のスタッフが高齢者の自宅を定期的に訪れ、安否確認をする見守りサービスです。郵便局や宅配会社などがサービスを提供し、管轄エリアを巡回するスタッフが訪問することになっていますが、回数が限定されているため、日常的な見守りには向いていません。料金は郵便局の場合、「みまもり訪問サービス（月１回）」が2,500円、「みまもりでんわサービス（毎日）」が固定電話980円、携帯1,180円、オプションで「駆けつけサービス」（月800円＋駆けつけ時5,000円）です。

■センサー型

高齢者の自宅に設置されたセンサー機器の感知で、安否確認を行う見守りサービスです。トイレ、浴室、冷蔵庫などにつけたセンサーが感知すると、家族のパソコンやスマートフォンなどに連絡が行くタイプや、契約企業がセンサーを管理し、非常時と判断した場合は高齢者の自宅まで駆けつけるタイプがあります。プライバシーは尊重されますが、会話などのコミュニケーションはできません。料金には初期契約料・月額料金・機器等料金が発生し、機器等料金（終了時に戻る）は５万～８万円、初期契約料は１万5,000円程度、月額料金3,000円程度が相場です。私の知り合いの50代のひとり暮らし男性も、このサービスを利用しています。自治体によっては、安価な見守り・安否確認サービスにセンサーがついてくることもありますので、問い合わせてみましょう。

■自動電話・メール型

毎日決められた時間に契約サービス会社から自動的に電話かメールが入り、高齢者がプッシュホンボタンやメールで応答すると家族に転送されます。仕組みも家族に伝える情報もシンプルですが、基本的な毎日の安否確認はできます。初回契約料2,000円程度と月額利用料は固定電話が約800円、携帯電話が約1,200円。お茶を１日に何回飲んだかをメールで家族に知らせる、象印マホービンの「みまもりほっとライン」は契約料5,000円、利用料月3,000円です。

機種によりますが、電話機には「留守番電話」をはじめ、未登録番号、0120や0800で始まるフリーダイヤル、非通知や公衆電話からの着信を拒否する「着信拒否」。呼び出し音が鳴る前に通話を録音するというメッセージが流れる「録音メッセージ」。電話がかかってきたときに呼び出し音と「迷惑電話にご注意ください」というアナウンスが交互に繰り返される「着信音」や、登録しておいた人の名前が表示される「発信者番号通知サービス」（登録が必要）、電話中の会話を録音できる「通話録音」などの機能があります。

自治体のなかには、電話回線と固定電話の間に接続し、警告メッセージのアナウンスのあとに会話内容が自動録音できる「特殊詐欺電話被害防止対策機器」を無料または一部負担で貸し出すところも増えてきました。ふだんから怪しい電話がかかってきたり、ひとり暮らしで不安な場合は、市区町村の役所のホームページで「特殊詐欺電話被害防止対策機器」と入力して検索するか、もよりの役所の危機管理部などに相談してみてください。そのほか、金融機関の窓口で相談し、ATMの利用限度額を引き下げたり、電話番号が電話帳に掲載されていたら削除したりする予防策もあります。

架空請求や不当請求で困っている場合は、もよりの「消費生活センター」へ。消費生活センターがわからないときは、国民生活センター「消費者ホットライン」（局番なしの「188（いやや）」、または「0570-064-370」）に連絡してください。国民生活センターのウェブサイトでは、高齢者の消費者被害の事例、情報、解決方法などを掲載しています。

はがき、またはパソコンや携帯電話に心当たりのない請求メールが届いたら、記載された電話番号やメールに返信せず、もよりの警察や消費生活センターに相談しましょう。警察庁には特殊詐欺対策の特設ウェブサイトがありますのでそれも参考に。警察官や銀行協会職員を名乗る者からの電話などで不審に思ったときは、もよりの警察署や相談窓口（局番なしの「＃９１１０」）に連絡するといいでしょう。また、政府広報や全国銀行協会のウェブサイトでも情報を掲載しています。

●ＮＴＴ東日本　電話帳の掲載削除を希望される場合の連絡先について
https://www.ntt-east.co.jp/info/detail/101020_01.html
●国民生活センター　高齢者の消費者被害
http://www.kokusen.go.jp/soudan_now/koureisya.html
●警察庁　特殊詐欺対策「被害に遭わないために」
https://www.npa.go.jp/safetylife/seianki31/damasarenaitameni.html
●政府広報オンライン　やらなくちゃ！　防サギ
https://www.gov-online.go.jp/tokusyu/korei_syohisya/

介護が終わったあとの仕事を考える

1年なのか20年なのかはわからないにしても、介護はいつか終わります。介護が突然とぎれたことで、「何をしたらいいのかわからない」ということにならないよう、介護が終わったあとの仕事や生き方については、介護中から考えておきたいものです。

160ページで紹介した総務省の「就業構造基本調査」では、介護離職をした人のなかで、再就職ができた人は約4割でした。

再就職しなかったなかには、「働かなくてはと思いながらも、求職活動をあきらめた」人も多く、2018年に放映されたNHKスペシャルでは、72万人の失業者にカウントされない103万人の「ミッシングワーカー」がいて、そのなかには「40代、50代の親の介護のために離職した人々」が少なからずいるとして、実際にミッシングワーカーになってしまった男性たちを取材していました。この番組が取り上げていた男性は独身で、介護離職する前はどこにでもいるふつうの会社員でした。

仕事への復帰はなるべく早く

番組で紹介された人のなかには、父親を介護施設に入れ、再就職への道を歩き始めた男性もいます。親に年金や預金があるからと安心していても、介護が続くと経済状態は悪化してきますし、介護者が社会との接触を失い、再就職が難しくなってくることも珍しくありません。介護保険サービスの利用や助成制度、役所の雇用支援、民間の支援などを利用して、できるだけ早いうちに仕事への復帰を考えることが大切です。

最初は無我夢中でやっていた介護も、慣れてくれば自分の時間をつくることができます。40代で教員を辞めた亮子さん（56歳）は、当初は在宅ワーカーとして教育参考書のライティングをしていましたが、そのうちに教科書の出版社でアルバイトを始め、妹のちからも借りながら夜間の大学院に通うことで、介護が終わったあとの大学講師の仕事につなげました。

事務職をしていた百合子さん（53歳）は、住んでいたまちの広報誌で見つけた週３回の市役所の非常勤の仕事に応募し、親を看取ったあとは常勤に切り替えてその仕事を続けています。損保保険会社を辞めた俊夫さん（62歳）は、介護家族会で出会った人の紹介で地域のＮＰＯの事務を数年続けたあと、そのつてで社会福祉法人に勤めるようになりました。

ブランクの少ないうちに、時間的に融通のきく仕事から復帰していく方法に加え、収入にはすぐにつながらないかもしれませんが、介護中に「起業」の可能性を考えることもできます。地域に暮らし、それまで出会うことがなかった人とつながることで、子育て、介護、農業、漁業、まちづくりなど、視点を変えて新しい分野や「隙間」の仕事を考えたりすることができるかもしれません。

仕事への復帰のために使える制度

「いい仕事がなかなかない」「マッチング機能が高いとはいえない」など、さまざまな弱点があるとはいえ、求人情報がダントツに多いのは、全国に約544か所あるハローワークです。しかし、多くのハローワークには「新卒者」「若者」「マザーズ」「障害者」「福祉人材」「高齢者」の窓口はありますが、「介護離職者」を対象とした窓口はまだありません。

いずれにしても、仕事への復帰を考える人はまずは登録しましょう。登録するとハローワークカードと登録番号がもらえ、全国どこのハローワークでも紹介状を頼めますし、自宅でのハローワークのインターネット検索もできます。登録は簡単で、ハローワークに置いてある求職申込書（求職票）に、希望する仕事、希望条件、学歴、受講した訓練、免許・資格、最終職業などを書き込んで、受付窓口に出すだけです。窓口では申込書に書いてある情報をもとに相談を進めますので、できるだけ詳しく書きましょう。

介護離職しても、「就職したい意思がある」「退職した会社の社会保険の加入期間が一定以上ある」「過去2年間のうち、雇用保険の被保険者期間が12か月以上ある」などの条件を満たしている人は、失業給付（失業保険）を受けることができます。その場合はハローワークを訪ねた日に係官と面談し、失業の「認定日」の指定を受けるのがいいでしょう。ちなみに窓口がすいているのは、早朝か雨の日です。

ハローワークでの仕事探しは、タッチパネル式の検索機に希望条件を入力して自分で探す方法もありますが、担当者が親身になって相談に乗ってくれることがあるので、「窓口での相談」がおすすめです。

ハローワークでは履歴書や職務経歴書などの応募書類作成や面接時のアドバイス、個別カウンセリングなどの就職支援があり、就職支援・再就職セミナーなどの情報もたくさん集めているため、利用の仕方がわかれば、かなりの活用ができるはずです。

また、市区町村では欠員が出るたびに、常勤職員（正規職員）、非常勤職員、臨時職員（アルバイト）を募集しています。前職を生かすことや、前述の百合子さんのようにキャリアの一歩となる可能性もありますので、ホームページや広報誌をこまめに見ることをお勧めします。

●ハローワークインターネットサービス
https://www.hellowork.go.jp/

失業保険はもらいそこねない

介護離職した人が利用できる最初の制度は、雇用保険の失業給付（失業保険）です。失業保険の対象となるのは、原則的には離職前の2年間に1年以上、雇用保険に加入していた人。失業保険の受給期限は1年ですから、突然やってきた介護に動転し失業保険をもらい忘れた人でも、1年以内であればもらうことができます。

失業保険をもらうには、会社からの離職票1・2、雇用保険被保険者証、マイナンバー確認書類などの必要書類を住民票のある所轄のハローワークに持参し、手続きをします。備え付けの求職票に記入し、窓口で「求職の申し込み」をしたら、受給資格の決定と離職理由の判定を受けるために担当者と面談し、失業認定を受けます。

介護による離職は、会社の倒産や解雇とは異なる「自己都合による離職」になりますが、正当な理由がある場合は「特定理由離職者」として認められます。認められた人は「会社都合による離職者」と同じように、受給資格が決定された日から7日間後に失業給付が開始されます。

失業給付の1日の基本手当の額は、会社を辞める直前の6か月間にもらった税込賃金を180日で割った「賃金日額」で算定され、残業代と交通費は含まれますが、ボーナスや退職金などは含まれません。

失業給付がもらえるのは、基本的には仕事が決まるまでです。介護による離職で「特定理由離職者」と認められた人は、雇用保険の被保険者だった期間が1年未満、または1年以上5年未満で45歳未満の場合は150日、その他の場合は、被保険者期間と離職時の年齢によって、120日～330日となります。介護で再就職活動ができない人は、受給期間の延長を相談しましょう。

●ハローワークインターネットサービス　雇用保険手続きのご案内
https://www.hellowork.go.jp/insurance/insurance_guide.html

●厚労省　ハローワークの冊子「離職されたみなさまへ」
http://www.chuokai-gifu.or.jp/chuokai/news/2017/0810myno1.pdf

収入が途絶えたら社会保険料の減免制度を申請

失業して収入がなくなると、これまで支払ってきた社会保険料の支払いが困難になることもあります。あまり知られていませんが、国民年金、国民健康保険などの社会保険料には減免措置や、延納・分割払いなどの特例がありますので、市区町村の担当課に問い合わせ、減免申請をしましょう。いずれも申請しないと、減免は受けられません。

国民年金の保険料を納めることが困難な人は、所得を記載した申請を役所に提出し、日本年金機構が認めれば、保険料の全額、４分の３、半額、４分の１のいずれかが免除されます。保険料の免除や納付猶予などを受けるには一定の基準がありますので、詳しくは年金事務所に問い合わせてください。

国民健康保険の保険料や介護保険料も、所得が一定水準以下になった場合には、保険料が軽減される場合があります。さらに、災害で収入が激減したときなど、保険料を納めることができない特別な事情がある場合にも、市区町村の条例に基づき減免や納付猶予を受けることが可能です。どのくらい保険料を安くできるかは、自治体によって大きく異なりますので、市区町村の国民健康保険窓口に問い合わせてください。

●日本年金機構国民年金保険料の免除制度・納付猶予制度
https://www.nenkin.go.jp/service/kokunen/menjo/20150428.html

新しいスキルが学べる「職業訓練」

介護離職をして再就職する場合、大きな壁になるのは仕事のブランクです。介護が長引き10年以上、仕事を離れることになってしまった人もいます。

新しいスキルを身につけて仕事を探したいという人には「職業訓練」を受けるという選択があります。ハローワークが窓口になっていることから、最近では「ハロートレーニング」と呼ばれるようになった職業訓練には、失業給付を受けながら通う人向けの「公共職業訓練（離職者訓練）」と、それ以外の人が受けられる「求職者支援訓練」があります。

介護離職しても、離職した日の翌日から1年以内であれば失業給付を申請し「離職者訓練」を受けることができますが、失業して長らく仕事を離れていた人が受けられる職業訓練は「無料で受けられる職業訓練」＋「月10万円の職業訓練受講給付金」＋「ハローワークの就職支援」がセットになった「求職者支援訓練」となります。

この訓練にはいくつかの要件があります。まずは低所得であること。自分の収入（月８万円以下）、世帯全体の収入（月25万円以下）・金融資産（３００万円以下）の制限と、訓練実施日（基本は週5日、1日6時間程度、2～6か月）にすべて出席することなどが必要です。しかし、就職率は「基礎コース」で59％、「実践コース」では64％と高いので、要件を満たし、介護に一段落がついた人ばかりでなく、子育てなどで長らく仕事を離れていた女性やスキルのない人にも、再就職のステップとしておすすめしたい制度です。

ここには「基礎コース」（2～4か月）と「実践コース」（3～6か月）の2種類があり、「基礎コース」ではビジネスマナーやコミュニケーションの方法、就職活動の方法などを集中的に習得し、パソコンのワード、エクセル、パワーポイントなど基礎的な職業スキルを身につけます。「実践コース」で受けられる職業訓練は、介護、経理事務、簿記、医療事務、ウェブデザイン、グラフィックデザイン、建築デザイン、フラワーデザイン、建設機械運転、ネイリスト養成、キャリアカウンセラー養成、パソコンインストラクター養成、農業技術習得などで、「離職者訓練」よりも幅が広いのが特徴です。

いっぽう、失業給付を受けながら求人に応募している人が受けられる「離職者訓練」は、受講料は無料（教科書代、健康診断、交通費などは別）で、訓練期間はおおよそ3か月～1年程度。長いものでは1年、2年コースもあります（有料で年間12万円程度）。介護離職しても1年以内であれば、この職業訓練が受けられます。

コースには民間の職業訓練校が行う、「ものづくり」分野を中心とした訓練を実施する訓練（標準6か月）と、都道府県による地域の実情に応じた訓練（標準6か月～1年）があり、経理・財務、ファイナンシャルプランナー、簿記から、パソコン、ウェブ関係、機械・建築関係、造園、ビルメンテナンス、医療事務、介護職員、ネイリストなどの美容系など、内容は実にさまざま。東京にある日本唯一の「製くつ科」（1年コース）は、応募が定員の5倍以上の超人気コースです。

「離職者訓練」は50代、60代で離職・退職した人が、第二の人生に役立つ新しいスキルを身に着けるのにも役立っています。中高年の男性に人気のあるのは、屋外仕事で体力も必要ですが、個人宅の仕事ばかりではなく、公園、緑地、街路樹など幅広い需要がある造園。オフィスビルや店舗ビル、マンションの電気、空調、給排水などの運転・調整・管理をするビル管理・設備は、危険物取扱者乙種第4類、第二種電気工事士、2級ボイラー技士などの資格を取ることができ、高齢になっても続けることが可能な仕事です。もともと人気のある「日本語教師」は、外国人が地域で増えていくこれからは、活躍の可能性のある仕事。仕事の場は少ないけれど、傾聴やメンタルヘルスを学ぶキャリア・コンサルタントのコースも可能性のある仕事。ただ、両方ともボランティアとしての需要は多いでしょうが、「お金」につながるかどうかは未知数です。

人材が不足している保育士や介護専門職は、いまもっとも働く人が求められている職場です。3K職場と思われがちですが、いい職場を見つけることができれば、子どもや高齢者のケアはやりがいがあり、地域づくりにもつながるので、私個人としてはお勧めしたい仕事です。

「離職者訓練」「求職者支援訓練」とも、全国でさまざまな訓練がありますが、訓練校には大きな格差があります。まずはインターネットのハローワークサイトで情報を調べ、関心のあるコースが見つかったら、実際にハローワークで相談し、説明会や見学会があれば授業を見学。卒業後のサポート体制や取得できる資格についても聞いてみるといいでしょう。

●厚労省　ハロートレーニング（離職者訓練・求職者支援訓練）
https://www.mhlw.go.jp/stf/seisakunitsuite/bunya/koyou_roudou/jinzaikaihatsu/rishokusha.html
●東京労働局「ハロートレーニング」
https://jsite.mhlw.go.jp/tokyo-roudoukyoku/hourei_seido_tetsuzuki/shokugyou_kunren/menu/shienkunren.html

シニアの仕事を考える

「離職」といえば、定年退職したシニアもまた「離職者」といえるでしょう。60歳が節目だった定年退職に、再雇用または年齢の引き上げが義務づけられたのは２０１３年でした。背景には深刻な人手不足がありましたが、２０１９年５月には安倍首相が「未来投資会議」で「70歳定年」を打ち出しました。この背景にあるのは年金を支給する年齢の「65歳」への引き上げ。そのための法改正を視野に入れています。

多くの高齢者は「働けるうちは働きたい」と考えています。実際、65歳を過ぎても働き続ける人は男性で５割以上、女性で３割以上いて、その数と年齢層は年々上がり続けています。２０１７年の内閣府「高齢者の健康に関する調査」では、働く理由を「収入がほしい」と答えた人が６割近くを占めていました。しかし「いきがい」や「健康のため」と答えた人は２割もいません。

しかも、高齢者の４人に３人は非正規雇用です。シニアの働き場所としては、従来からタクシー運転手、警備員や清掃が定番となってきましたが、最近では建築現場や廃棄物収集のようなハードな職場で、「えっ、こんな年齢の人が？」という高齢者の姿を見かけることが多くなり、高齢者の労働災害（労災）も増えてきました。

ハローワークで仕事を探す

『おひとりさまの終活』では、当時はまだ珍しかった55歳以上向けの相談窓口を設けていた「ハローワーク足立」を取材しました。２０１１年当時、55歳以上の求人は、男性（①タクシー運転手、②警備員、③清掃）、女性（①調理補助・ホール・洗い場、②医療関係、③清掃、④介護）で、若い世代から敬遠されている３Ｋ労働に集中していました。

いまでは全国１１０か所のハローワークが、65歳以上のシニアを重点的に支援する「生涯現役支援窓口」を設けています。今回、そんな窓口のあるハローワークを訪ね、実際にパソコンで60歳以上の求人を閲覧してみると、多い順に清掃、介護、コンビニエンスストア店員、調理補助・ホール・洗い場でした。８年前とあまり変わっていませんが、介護関係の求人がダントツに多くなっているように感じます。ハローワークで求職した人からは、仕事が見つからないと介護の仕事を勧められる、という話も聞きました。

時給は東京都の最低賃金９８０円から１１００円程度。ちなみに、２０１８年度の最低賃金は東京の９８５円から鹿児島の７６１円まで、大きな地域格差があります。相談員に聞くと、いまは売り手市場なので仕事は多いけれど、希望する仕事の内容や賃金、勤務時間とのマッチングが難しく、実際にはなかなか雇用につながっていないということでした。

しかし、少しでもいい仕事を探すには、個別カウンセリングなどを受けながら、支援窓口で相談するほうが、仕事をめぐる現状も理解でき、結果的には早道につながります。ブラック企業も少なくありませんが、相談員によると、仕事探しのポイントは8年前と同様、「職種や賃金にこだわりすぎない」「仕事をしたいというモチベーション」「決め手になるのは人柄」でした。

ハローワーク以外で仕事を探す場所といえば、人材派遣会社です。多くの大手人材派遣会社でも、シニア層の専門セクションをつくるところが増えてきました。技術力と即戦力のあるシニアの再雇用の需要は増えているといわれ、供給と需要のバランスはよさそうですが、人材派遣会社のスタッフがもらすのは、やはり「マッチング」の難しさです。

日本経済新聞の記事「60代、戦う覚悟はあるか～シニア活躍の条件」（2018年1月23日付）では、高齢者の面接で認知症簡易診断テストの「長谷川式認知症スケール」を利用する人材派遣会社を紹介していました。シニア派遣を始めた介護サービス会社では、社員が1時間ほど求職者と面談し、簡単な足し算や引き算のほか、「バナナ」や「メロン」などの単語を一定時間覚えていられるかなどのテストをして、約10人を登録したとあり、高齢者の採用に認知機能テストが使われていることに、なんとも複雑な気持ちになりました。

ハローワークのほかにも、専門のアドバイザーがサポートし、仕事探しのアドバイスや、キャリアカウンセリング、再就職支援講習などを行う、自治体と連携した新しいタイプのワンストップサービス機関が増えています。

「東京しごとセンター」では、年齢によって担当アドバイザーがつき、就職情報提供、再就職に関する各種セミナー、キャリアカウンセリングなどを行いながら、実際の再就職につなげています。福岡県高齢者能力活用センター「はつ・らつ・コミュニティ」（福岡市、北九州市、久留米市）のように、県と連携して派遣業務を主体とした求人情報をサイトに掲載するところもあります。全国各地の自治体も国の補助金を受け、「シニア就業促進センター」などの名称で就労支援を行っていますので、もよりの市区町村に問い合わせてみてください。

●東京しごとセンター
https://www.tokyoshigoto.jp/　電話０３-５２１１-１５７１
●ジョブスタ（シニア・ジョブスタイル・かながわ）
電話０４５-４１２-４１２３　９時30分～17時（日曜日、祝日は休業）
●福岡県高齢者能力活用センター「はつ・らつ・コミュニティ」
http://www.hatsu-ratsu.com/

お金よりも社会とつながりたいシニアのための仕事

仕事をしたいというシニアの思いのなかには、社会とつながりたい、自分の可能性を広げてみたいという理由もあります。プチ収入でよければ、地域のお困りごとを支援する有償ボランティアの人材はおおいに求められています。困っている人の手助けをして感謝される仕事に出合えれば、お金では味わえない喜びが生まれます。

社協の有償ボランティアとシルバー人材センター

自治体からの委託を受け、有償ボランティアによる住民型有償サービスを長年行っているのが、社会福祉協議会（社協）と「シルバー人材センター」です。

社協では協力会員として登録し、高齢者・子育て支援を行うと、1時間600〜1200円程度の謝礼が支払われます。年齢制限はありませんが、常に仕事があるとは限らないので、安定した収入につながらないのが難点。地域で支援の内容や謝礼は異なります。社協によっては見守りなどを行う「福祉協力員」という制度を取り入れているところもありますが、こちらには謝礼はありません。

シニアの就職を斡旋する公的機関には、臨時・短期・補助的な職種の紹介を行うシルバー人材センターもあります。センターは市区町村に設置され、県などから委託を受けた「シニア就労支援プログラム」や「シニアワークプログラム」などのほか、技能習得講座を含めたシニアの就労支援をしています。

シルバー人材センターの仕事の請負先は家庭や事業所、官公庁。センターから仕事を提供された会員は、働いた実績に応じて一定の報酬（配分金）をもらいます。ただ、希望する仕事が常にあるわけではなく、一定した収入（配分金）の保証もありません。センターによると、収入は月8〜10日働いた場合、月額3万〜4万円程度。仕事の約半数は、庭木の剪定、除草、清掃、商品管理・棚卸し、発送・梱包などの一般作業。なかには学習教室の講師や翻訳・通訳、パソコン指導といった専門性のあるものや、地方では観光ガイド、カブトムシの飼育販売、農作業と販売、花苗育苗作業といったものもあります。

登録者数は全国で約70万人。登録がなかなか進まない理由は、「希望する仕事になかなか出合えない」ことと報酬の安さ。炎天下での草取りなどもあるため「重労働の割に報われない」という声もあがっています。市区町村が行う高齢者の「介護予防・日常生活支援総合事業（総合事業）」を委託されることも増えてきました。こちらも地域によって仕事の内容が異なります。もよりのシルバー人材センターに問い合わせてみましょう。

●全国シルバー人材センター事業協会（もよりのセンターも探せます）
http://www.zsjc.or.jp/

働く人自身が出資する「協同」という働き方

１９８０年代に生活協同組合の活動から派生して全国に広まった「協同労働」という考え方が、いま再び、住民自身が考える地域づくりのなかで注目されています。

誰かに雇われるのではなく、働く人全員が出資し、地域に必要な事業を自分たちで立ち上げ、出資金額にかかわらず誰もが対等な立場で経営に参加する。欧米で浸透しているそうした働きの場を最初につくったのは、オイルショックで職を失った中高年の失業者が自分たちで仕事をつくろうと、病院清掃や公園緑化などを始めたのを契機に1970年代に始まった「ワーカーズコープ」と、80年代に生活クラブ生協の主婦たちが、主婦の新しい仕事づくりとして始めた「ワーカーズ・コレクティブ」でした。

ワーカーズコープの事業の中心は「仕事おこし」による地域づくり。①共生ケア（高齢者・障害者の居場所づくりや生活支援）、②子ども・子育て（学童館、放課後デイサービス、保育園などの施設運営、児童養護、学習支援、こども食堂）、③自立就労ケア（障害者の中間就労など）、④総合建物管理・物流（施設の清掃・管理、物流・配送）、⑤地域生活産業（農業・食・エネルギー・森林など地域の資源を活かした仕事おこし）の5テーマで、80種類以上の事業を全国展開しています。

事業所は全国で約350か所（2018年7月時点）。組合員になるには、1口5万円の出資金が必要なので、まずは各地のイベントや学習会に参加して活動を知り、ボランティアとして参加してみるといいでしょう。

組合員になると、自主的な運営をする各事業者の仕事に参加できるほか、自分たちで仕事を立ち上げる際、その資金を含めた支援が受けられます。幅広い年齢層の人が働いていますが、定年退職後に地域貢献をしたいと考えるシニアが多いのも特色です。

2011年に発生した東日本大震災のあと、東北の6地域の住民がワーカーズコープの支援で事業を立ち上げました。野菜の直売所から障害者就労支援事業所、同時に食堂もオープンした池田道明さんは、元は仙台空港に勤務していた航空整備士。震災で職を失い、必死に仕事探しをしていたとき、面接を受けたワーカーズコープで初めて「協同労働」という働き方を知り、参加したといいます。

その池田さんの手記を含む、被災地でのワーカーズコープの「仕事おこし」の７年間の歩みをまとめた冊子「地域の底から社会をつくる」が、インターネットでダウンロードできます。ワーカーズコープの掲げる「協同労働」のあり方と、こういう働き方もある、という可能性がよくわかる冊子です。

いっぽう、ワーカーズ・コレクティブも「自分たちで出資し、経営し、働く」ことを理念とする連合体で、ＮＰＯなどとネットワークしながら活動を続けています。参加団体は全国で１６６団体（２０１８年4月1日時点）。「安全な手づくりの食」（仕出し弁当、惣菜、手づくりパンの店、ジャムなどの製造販売）の提供、高齢者・障害者の介護サービスや家事支援、子どもや子育て中の親の支援、環境保全、リサイクル、生活文化事業など、地域に根ざしたコミュニティビジネスの支援を長年続けてきました。

失業者や女性の仕事づくりからスタートしたワーカーズコープとワーカーズ・コレクティブですが、いまではシングルマザー、フリーター、ニート、障害者、高齢者、野宿生活者、受刑者、移民労働者など、働く場をなかなか見つけられない人たちの働き場づくりを積極的に行い、そうした分野でも若者から高齢者まで、ともに働く人材を求めています。

また、社会貢献につながるこうした働き方は、17の高齢者生協が集まって設立された「高齢者協同組合（高齢協）」でも行っています。関心のある人はウェブサイトにアクセスしてみてください。

●ワーカーズコープ連合会
https://jwcu.coop/

●全国のワーカーズコープ連合会センター事業団の事業所一覧
https://jwcu.coop/access/center_offices_a/

●冊子「地域の底から社会をつくる〜被災地でともに歩んだ7年間　２０１１-２０１８」
https://workers2-movie.roukyou.gr.jp/wp-content/uploads/2018/12/a477e351ce0717e566 7a0cdc6c328cc7.pdf

●ワーカーズ・コレクティブネットワークジャパン
http://www.wnj.gr.jp/

●高齢者協同組合
http://koreikyo.jp/

市民が働き方を自らつくる

少ない年金をカバーするために仕事を続けたい。でも、高齢期の仕事で大切になってくるのは「やりがい」と「いきがい」、それと自分の体力に見合っているかどうかです。

稼げるお金は少ないけれど、高齢世帯の「ちょっとした困りごと」に、元気な高齢者が〝有償ボランティア〟として特技や得意技を活かしながら応える市民・住民団体は、以前から各地にありました。

増える高齢者の地域での生活を、地域住民の「助け合い」で支援していこうと国や自治体は進めていますが、そうした市民団体の活動を「介護予防・日常生活支援総合事業（総合事業）」に結びつける自治体も増えています。また、「地方創生」の動きのなかからも、就労や仕事づくりのさまざまな取り組みも出てきました。

「１００歳になっても続けられる仕事を」と、〝おばあちゃんたちの力〟を活かしながら、若いママさんたちと高齢者が一緒に働く「BABA lab（ババラボ）」のような仕事をつくった人もいます。最初に立ち上げたさいたま工房では、力の弱い高齢者でもお孫さんを抱けるようにと開発した抱っこふとんや、数字が見やすく持ちやすい哺乳瓶などの「孫育てグッズ」を製作し、インターネット販売でヒット製品となりました。

ＮＨＫが運営する「地域づくりアーカイブス」は、これまで放映された全国の地域づくりの活動が映像とともに見られるウェブサイトです。「農林水産・食」「環境・エネルギー」「共生経済・観光」「コミュニティ・商店街」「教育・子ども・若者」「医療・介護」「福祉・生活支援」「災害復興・防災」の8項目に分けられていて、関心のある分野での地域活動や仕事づくりを見ることができます。地域の住民同士の支え合い・助け合いの姿から学べることや、地域づくり・まちづくりのヒントもたくさん見つけることができ、「老後」と地球の未来が明るく見えてくるかもしれません。

●大阪府社会福祉協議会　住民主体の生活支援サービス・活動実践事例集
http://www.osakafusyakyo.or.jp/chiiki-g/pdf/h29_002.pdf
●住み慣れた地域で暮らし続けるために（内閣官房まち・ひと・しごと創生本部事務局）
https://www.kantei.go.jp/jp/singi/sousei/about/chiisanakyoten/chiisanakyoten-tebiki.pdf
●BABA lab（ババラボ）
https://www.baba-lab.net/about
●ＮＨＫ「地域づくりアーカイブス」
https://www.nhk.or.jp/chiiki/closeup/

第6章
あなたと家族が認知症になったとき

認知症時代をどう生きる？

日本では2025年に5人に1人、予備軍も入れると3人に1人は発症する可能性があるといわれる認知症。しかし、認知症の原因はまだ特定されていず、治療法どころか確実な診断法すら確立されていません。

唯一わかっているのは、年を取ると認知症になる人が増えるということ。85歳を過ぎると、半分ぐらいは認知症かその予備軍に、95歳以上だと8割から9割の人が認知症になるというデータもあります。超高齢社会では誰でも遭遇する可能性のあるのが、認知症です。

「問題」としてとらえられてきた認知症

認知症でこれまでクローズアップされてきたのは、苦労する家族の姿や、認知症の人が巻き起こす「問題」でした。取り上げられるのは「徘徊」による行方不明、高齢ドライバーの事故、詐欺の被害、ゴミ屋敷……。「問題」ばかりが取り上げられることで、「認知症になったらおしまい」「社会の迷惑になる」というイメージが植えつけられています。

しかし、実際に認知症の人を介護しながら介護の現場を取材すると、「問題」を起こす認知症の人は、実はごく一部だということがわかってきます。さらに、「問題行動」と呼ばれる「暴力」や「徘徊」などにも理由があり、その理由となる不安や混乱に気がついた周囲の人が接し方を変えることで、本人の行動が大きく変わってきた実例に山ほど出合います。

たとえば「暴力」や「暴言」が起こるのは、本人が何かを強いられたときではないでしょうか？　認知症の人は不意に何かをされると混乱しますし、「やめてほしい」という言葉がすぐ出ません。そのため手が先に出たり、大声で叫んだりすることがよくあります。

デイサービス管理者の幸子さんは、利用者の娘さんから着替えの際に母親が暴れて困ると相談を受けたので、「声をかけながら、ゆっくり着替えを勧めたらどうでしょう」と助言しました。娘さんが助言通りに着替えを手伝うと、母親は自分で着替えをするようになりました。

また、ヘルパーの久美子さんは、利用者の男性が家のなかでところかまわず排尿すると家族から聞き、「トイレの場所がわからないのでは？」とトイレのドアに大きな貼り紙をしたところ、男性はまっすぐトイレに行くようになりました。そんなふうに周囲が本人の不安や混乱に配慮することで、「問題」とされていた行動が大きく変わってきます。

認知症の人が「徘徊」をするのは、「昔、家族と暮らしていた家」に帰ろうとしていたり、「勤めていた会社」に出勤しようとしているなど、さまざまな目的や理由があることがわかってきました。「徘徊」という言葉を使うのをやめよう、という動きも出ています。

最近では、認知症の本人が本を出版したり、講演会などで自分の思いや意見を発信し、「認知症になってもあたりまえに生きられる社会」のあり方を、私たちに問いかけています。認知症の専門医に聞くと、「自分は認知症ではないのか」という疑問とともに、ひとりで検査にやってくる人も少しずつ増えているそうです。

認知症に対する社会の意識は変化してきたとはいうものの、認知症を自分には関係のない「他人ごと」と考え、「認知症予防」に頼りたがる人がまだまだ多いのは、「見たくない」「聞きたくない」「考えたくない」というバリアーを張ることで、自分だけは認知症にならないと思い込もうとしているからかも知れません。その背景にもまた「認知症になったらおしまい」という偏見があります。しかし、認知症という中途障害に「自分も出合うかもしれない」と考えることで、認知症に対する見方は大きく変わってきます。

認知症への偏見をあおる「認知症予防」

医療・介護費を抑制する方法として、国が進めているのは認知症を含めた「予防路線」です。国は2019年5月に「認知症施策」を示す大綱案として「70代での発症を10年間で1歳遅らせる」という「予防」に対する初の数値目標を掲げましたが、認知症の人やその家族を含め、関係者から大きな反発と懸念の声があがったため取り下げました。認知症を「予防」できると証明されたものはまだ何もないからです。

「予防」は大切なことですが、それを費用抑制の道具にすることを危惧する意見は、多くの専門家からも出ています。「『認知症は大変だ』って、あおりすぎでは？」と苦言を呈しているのが、認知症の診療に長年かかわってきた東京都立松沢病院院長の斎藤正彦医師です。認知機能が下がっても、いろんな形で社会に役立っている人がいると斎藤さんは言います。

「そういう人たちも全部一緒くたにして『認知症の人が増えて大変だ、医療費や介護費がかさんで大変だ』といって騒いでいるのが現状です。マスコミも、そういう風潮をあおってきた。その結果どうなったか。『医療費をもっと切り詰めましょう、介護サービスは減らしましょう、サービスの利用者にはもっとお金を払ってもらいましょう』という議論ばかりになっています」（朝日新聞２０１８年12月８日付）。

「認知症になると大変だ」と大騒ぎすることのデメリットは、人々の偏見や対立をあおってしまうことだと斎藤さんは指摘します。また、『治さなくてよい認知症』（日本評論社）を書いた認知症専門医の上田諭さんも「『治る』という信仰が『困った病気』のイメージを加速している」と、苦言を呈します。多くの認知症の人を診てきた専門医のひとり、東京慈恵会医科大学の繁田雅弘教授は「認知機能が低下しても、支障なく暮らせるように備えることが、真の認知症予防だ」と講演で語っています。

　自治体は「認知症予防」として、これからますます脳トレや体操を推進していくでしょう。からだを楽しく動かしたり、楽しく脳を刺激したりするのはいいことですが、それだけにとどまっていると、認知症になりたくない元気な人たちと認知症の人のあいだに線が引かれてしまいます。市民講座では認知症に向き合う講座よりも、「認知症予防」の講座に人が集まりますし、「認知症カフェ」も「認知症予防」をうたうと人が集まります。「認知症になりたくない」という気持ちは誰にもありますが、認知症を本当に予防するためには、健康づくりをするだけではなく、認知症を理解し「自分ごと」にするという両輪を、きちんとつくっていってほしいと思います。

政府が経済産業省主導の「予防路線」を進めることで、「認知症予防」はビジネス・チャンスになってきました。サプリメントは医薬品と違って規制がゆるいため、認知症を心配する中高年層をターゲットに、業界は新商品の開発に勢いづいています。学習塾、スポーツクラブ、ＩＴ企業、医療の参入などもこれからどんどん出てくるでしょう。しかし、認知症が予防できると証明されたものは、治療法と同じように実はまだひとつもないのです。

とはいえ認知症のリスクを下げる方法はあります。健康の４つの要素は、①バランスのいい食事、②適度な運動、③いい睡眠、④脳の活性化に集約されますが、それらを満たしていることが結果的に、要介護状態になることや、認知症のリスクを減らすことにもつながってくるからです。同じことを前出の繁田教授も語っています。

米国アルツハイマー協会のホームページには、「心臓にいいことは脳にもいい」と書かれているそうです。心臓にいい生活を心がけることで認知症のリスクも軽減できる。心臓にいい食生活を続け、脂肪とコレステロールを減らし、適度に運動をし、たばこを吸わない……。血圧、コレステロール値、血糖値などの数値を適切に保ち、「生活習慣病」に気をつけることが、認知症の予防になるということは、前述の健康の４つの要素とも重なっています。

認知症に対する誤解を解くと介護が楽になる

認知症への偏見をなくし、私たちが認知症になってもあたりまえに暮らせる社会をつくっていく……。これを「障害」や「がん」、あるいは偏見に通じるあらゆる言葉に置き換えてみると、ゴールがよりクリアに見えてくるのではないかと思います。

認知症に対する誤解はたくさんありますが、最初の誤解は「認知症は病名」ということです。しかし、認知症は病名ではなく、脳の機能が低下してきて、日常生活に支障が出てくる状態＝障害が出てくる状態のこと。

原因となる病気には、アルツハイマー病、脳卒中、レビー小体病、ピック病などがあり、詳しく分けると70種類以上にもなるといわれています。最近ではアルツハイマー型認知症とされていた人のなかに、ＬＡＴＥ（大脳辺縁系優位型老年期ＴＤＰ-43脳症）と呼ばれる別の脳の病気が多く含まれているという研究結果も発表され、これまで認知症の治療がうまくいかなかった理由が、この病気の研究で明らかになるかもしれないと期待されています。

認知症は「もの忘れをする病気」だというのも誤解です。忘れるのではなく「覚えることが苦手になってくる」という障害が出てくるのです。覚えることが苦手な人に、「何度同じことを言わせるの！」と怒鳴りつけても、かえって萎縮して心を閉ざすばかり。怒ったり教えたりすることが逆効果になるのはそのためです。

認知症になっても「何もわからなくなる」ことはありません。困りごとが増えていることを本人は知っていますし、その異変に対する不安や恐怖でいちばん苦しんでいるのは本人自身です。認知症になった友人もそうでしたが、覚えておくためのさまざまなメモとともに、「どうしてこんなに忘れてしまうのだろう」「私はこれからどうなっていくのか」といった、本人の心の叫びを書き留めている認知症の人はたくさんいます。内容は忘れても、怒り、喜びといった感情は、本人のなかにしっかり残っていますから、本人に怒りや悲しみの感情が蓄積しないよう、周囲の人はフォローしたいものです。

認知症になると、何もできなくなるというのも誤解です。できなくなることもあるけれど、できることもある。そう考えて、本人のできることを工夫し、手助けしていくのが大切です。

介護を始めた当初は、私自身にも認知症に対する偏見や誤解がたくさんありました。その多くは、認知症という障害と、認知症とともに生きる本人の葛藤を知らないことから出てきたものです。しかし、この15年、介護者・介護家族として介護にかかわり、認知症のご本人たちの話を聞きながら、ケアの現場の取材を続けるなかでわかってきたことがあります。

それは介護家族や周囲の人たちが自分のなかの偏見をなくし、ありのままの本人と向き合っていくことが、お互いにとって重圧から抜け出すことにつながるということです。そして、もうひとつ。「自分が認知症になっても、こんなふうに生きていきたい」という視点で、私はケアのあり方や社会のあり方を考えるようになりました。

認知症の「早期発見・早期治療」が大切なわけ

「認知症は早期発見・早期治療が大切」だといわれていますが、嫌がる本人をどう医療機関につなげたらいいのか、それは本当に本人のためになるのかという問いは、私たちが催している「認知症カフェ」でも、参加者から繰り返し出る質問です。

１４６ページで紹介した「認知症の人と家族の会」では、会員の経験から認知症の始まりではないかと思われることを、チェックリストでまとめています。「いま切ったばかりなのに、電話の相手の名前を忘れる」「同じことを何度も言う・問う・する」「しまい忘れや置き忘れが増え、いつも探し物をしている」など、20のチェックリストです。

そうした症状に気づいたり、料理中、ガスの火の消し忘れに「認知症ではないか」と考えた家族は、検査をするために病院に連れていこうとします。しかし、本人は「自分はボケてない」と言って行きたがらない……。日本中で何万回と繰り返されてきた光景でしょう。

民生委員として地域の高齢者の相談相手となってきた市川美津子さん（74歳）は、訪問先を思い出せなくなったとき「いよいよ来たな」と思ったそうです。一刻も早く受診をしようと病院に行き、診断は冷静に受け止めたものの、「認知症にだけはなりたくなかったので、悔しかった」と語り、自分も認知症の人をバカにしてきたのかも知れない、とも気づきました。

でも、事実を認めようと開き直ったら、気が楽になった。美津子さんはいまでは、自分の経験が役立てばと、神奈川県町田市の認知症本人グループ「町田女子会」で認知症の人や家族の相談に乗り、仲間と一緒に認知症への理解を地域に発信しています。

この話をご本人から聞いたとき、目の前がパッと開けた思いがしました。美津子さんのように認知症への知識と理解が事前にあれば、「いよいよ来たな」と受け止めることができるでしょう。ですから、認知症についての正しい知識を、皆さんもできるだけ早いうちに身につけてください。そして、家族や伴侶に認知症の疑いが出たときには、その不安や戸惑いに寄り添って、焦らずに相談機関や協力者を探して相談してください。

「早期発見」の利点はいくつかあります。自分の現在の脳の状態を知ることができれば、その先の進行を予想しながら、家族や医師、介護の専門職などと協力し、自分の生活を自分で考えていくことができます。

また、認知症の原因を知ることで、認知症状を起こす認知症ではない病気を発見できる可能性もあります。たとえば、甲状腺機能障害と高齢期うつは、最初に疑ったほうがいい病気だといわれています。頭を打ったことで脳に血腫ができ、認知症と同じような症状があらわれる慢性硬膜血腫や、正常圧水頭症なども適切な治療を受ければ治ります。飲んでいる薬や薬の飲み合わせが一次的に認知症状を引き起こすこともあります。こうした「治る認知症」も、検査・診断を受けなければ発見できません。

認知症の診断が出れば、介護保険サービスも受けられます。認知症に対して医療ができることはごく一部だといわれていますが、進行を遅らせる治療を始めることはできます。薬をうまく使うことで、糖尿病や便秘など認知症以外の体調管理を含め、本人が楽に暮らせる環境を整えることもできます。さらにケアを通じて暮らしの不便さを取り除き、本人の気持ちや活動が萎縮してしまわないよう、考えていくことができます。

ただ、嫌がる本人を強引に病院に連れていったりすると、家族関係がこじれる場合があります。かかりつけ医がいる場合は「健康診断」の流れをつくり、そこから「脳の健康チェックも」と、専門病院の検査につなげていくといいでしょう。かかりつけ医がいない場合は、本人の信頼する人から診察を促してもらうのもひとつの方法です。

地域包括支援センターでは、自宅に医療の専門職が訪問し、本人と家族に合ったサポートを集中的に行う「認知症初期集中支援チーム」や、もよりの認知症医療疾患センターを紹介してくれます。認知症では、どの病気が原因になっているのかを見つけることが、その後のケアに大きくかかわってきますので、信頼できる医療機関を見つけることが大切です。

市区町村では国の求めで、認知症の進行に合わせてどんな医療・介護サービスを受けたらいいのかを掲載した冊子「認知症ケアパス」を作成して配布していますので、まずはそれを入手してください。認知症の説明から相談、地域のサポートサービス、相談窓口、医療機関などの情報が掲載されていて、ホームページからもダウンロードできます。

認知症ケアパスは、各自治体がさまざまな名称でおのおの工夫して作成していますが、一例として、認知症に対する心構えや、具体的なアクションをイラストで語りかける、お役所離れしたユニークな川崎市の「認知症アクションガイドブック」を挙げておきます。認知症について学べる書籍や、ダウンロードできる冊子は250ページでまとめて紹介します。

●認知症の人と家族の会　家族がつくった認知症早期発見の目安
http://www.alzheimer.or.jp/?page_id=3107
●認知症アクションガイドブック（川崎市認知症ケアパス）
http://www.city.kawasaki.jp/350/page/0000087024.html

認知症の原因となる病気

70種類以上の病気がかかわっているといわれる認知症。代表的なのはアルツハイマー型認知症（アルツハイマー病）、レビー小体型認知症（レビー小体病）、脳血管性認知症（脳卒中など脳血管疾患）、そして、前頭側頭型認知症（ピック病）です。

約6割を占めるのが、海馬を中心に脳が萎縮するアルツハイマー型認知症だといわれてきましたが、213ページで記したように、このなかにはLATEと呼ばれる別の脳の病気が多く含まれているという研究結果も発表されています。「アルツハイマー型認知症」は男性よりも女性に多く、初期の症状で多いのはもの忘れ。もの盗られ妄想、居場所や時間などがわからなくなる見当識障害、とりつくろいなども特徴的な症状とされています。

脳幹や大脳皮質にレビー小体という物質が蓄積される「レビー小体型認知症」の特徴は、幻覚・幻視、うつ状態、パーキンソン症状、睡眠中の異常行動などです。この病気は薬に敏感で副作用が出やすいという特徴もありますので、薬の量や組み合わせに気をつける必要があります。

脳梗塞などが原因で脳の一部が壊死する「脳血管性認知症」の、初期の症状はもの忘れです。症状がまだらに出る場合も多く、手足のしびれや感情のコントロールがうまくいかないなどの症状が出る人もいます。

「前頭側頭型認知症」では、脳の前頭葉や側頭葉が萎縮します。40代～60代から発症しやすく、初期はもの忘れが目立たないこともあって、医療機関を受診しないことが多いといわれます。真面目な人が万引きしたり、感情を不意に爆発させたり、ものごとへの関心や他人への配慮がなくなるなど社会のルールがわからなくなるのが特徴で、同じ行為を繰り返す、周囲の動きに刺激を受けやすい、特定の食べ物に固執するなど症状が多岐にわたることから、統合失調症やうつ病と誤診されることも多いようです。記憶や見当識が保たれ、脳萎縮も少ないことから、正常と診断されてしまうこともあります。

それぞれの認知症の特徴を挙げましたが、症状には個人差が多いのもまた認知症の特徴です。いくつもの認知症を同時に発症していたり、いくつもの病気を併発していることも少なくありません。それに合わせた治療も必要です。

進行も同じように個人差が大きく、認知症の介護年数には平均7年というデータもあれば、10

年以上の人も6人にひとりいる、というデータもあり、進行を遅らせる薬の組み合わせが増えたことや、介護環境がよくなったことで、昔よりも進行のスピードがかなり遅くなってきたといわれます。周囲の人の接し方が認知症の進行に大きな影響を与え、「笑いの多い人のほうが進行が遅い」と語る認知症の専門医も数多くいます。

「認知症になったら人生が終わり」ではありません。仕事をすることも、趣味を続けることも、「やりたいことはあきらめなくてもいい」のです。そして、いやなことはしなくてもいい。脳の活性化にいいからと計算や書き取りドリルをいくら勧めても、やりたくない人には押しつけはストレスになるばかりです。

それよりも自分のしたいことをするほうが、よほど脳の活性化になる。認知症になっても自分らしい生活を続け、その人らしい生活をサポートしていくには、「認知症になった自分」への想像力をつけていくことだと思います。

認知症本人の声を聞く

認知症のことを理解するには、認知症になったご本人の声を聞くことがいちばんです。全国各地で認知症の人が声をあげていますし、本もたくさん出版されています。すでに認知症の人を介護している家族は、目からのウロコが数百枚、落ちるかもしれません。

認知症の本人たちが結成した「日本認知症本人ワーキンググループ（ＪＤＷＧ）」では、２０

18年に「認知症とともに生きる希望宣言〜一足先に認知症になった私たちからすべての人たちへ」を表明しています。認知症の先輩からのメッセージは、私たちに多くの心構えと希望を与えてくれるでしょう。

(1)自分自身がとらわれている常識の殻を破り、前を向いて生きていきます。
(2)自分の力を活かして、大切にしたい暮らしを続け、社会の一員として、楽しみながらチャレンジしていきます。
(3)私たち本人同士が、出会い、つながり、生きる力をわき立たせ、元気に暮らしていきます。
(4)自分の思いや希望を伝えながら、味方になってくれる人たちを、身近なまちで見つけ、一緒に歩んでいきます。
(5)認知症とともに生きている体験や工夫を活かし、暮らしやすいわがまちを、一緒につくっていきます。

「認知症とともに生きる希望宣言」の詳しい内容は、次のサイトでご覧ください。

●日本認知症本人ワーキンググループ
http://www.jdwg.org/

認知症の人が発言することの意味

認知症の簡易検査として知られているものに「長谷川式認知症スケール」があります。それを開発した認知症の専門医、長谷川和夫さんが、２０１７年に自分が認知症になったことを公表し、多くのインタビューを受けて話題になりました。

公表の理由について長谷川さんは、「認知症に対する正しい知識」と「認知症の人への接し方」を知ってほしかったからだといいます。そして、年を取って認知症になるのは自然の摂理。自分が「認知症だ」と言える社会になることが大切で、認知症は「暮らしの障害」なので、周囲の人とのかかわり方で大きく変わってくるとも語っています。

東京都町田市のデイサービス「ＤＡＹＳ　ＢＬＧ！」では、認知症の利用者が自分たちで日々のスケジュールを決めています。仕事をしたい人は仕事に行き、わずかだけど報酬も出る。そんなデイサービスも全国で少しずつ増えてきました。

ここでは利用者は「メンバー」と呼ばれます。仕事は洗車、書類整理、ポスティング、保険代理店の配布品の袋詰め、学童保育での紙芝居の読み聞かせなど。介護保険法ではデイサービスの利用者が働くことを「いい」とも「いけない」ともいっていないと知った代表の前田隆行さんは、厚労省に直談判。５年がかりで「有償ボランティアとしての謝礼」であればＯＫという了承を取りつけました。それが伝わっていないということで、厚労省は２０１８年７月にあらためて、自治体や事業者に対する周知を促す通知を出しています。

デイサービスを始めて6年たった現在では、文具、日用品、医薬品メーカーなど、企業からも仕事の依頼が来ています。そのきっかけになった洗車の仕事を発注したホンダカーズ町田東店主任の小林栄作さんは、メンバーの妻と会ったときの話をしてくれました。

「認知症の診断が出たときには絶望したし、夫を監視しなければならなかったので大変だったのが、洗車を始めてから人が変わったように明るくなりました。働くとご飯がちゃんと食べられ、夜もよく眠れるようになったんです」と、メンバーの妻から深々と頭を下げられたそうです。

デイサービスの会話では「徘徊、認知症、ボケ」などの言葉が自然に飛び出し、それが日々の笑いの潤滑剤になっています。認知症の当事者の声を伝える前田さんたちの活動もあって、町田市も変化してきました。市がバックアップする出張認知症カフェ「Dカフェ」が、市内8か所のスターバックス コーヒーの店舗で行われ、認知症の本人たちをつなぐネットワークも活発です。

認知症の人があたりまえに暮らせる社会をつくる試みは、全国各地に広がっています。東京板橋区で「若年性認知症いたばしの会ポンテ」を運営する保健師の水野隆史さんは、認知症の人もそうでない人も参加できる「誰でも居酒屋」という飲み会を毎月開催しています。笑い声が絶えない「居酒屋」の常連で若年性認知症のひろゆきさん（53歳）は、地元のコミュニティカフェで得意の料理をつくるボランティアをするようになりました。

認知症の人や家族、医療福祉関係者が、地域住民も巻き込んでタスキをつなぎ、日本を縦断するイベント「RUN《ラン》伴《とも》」も、２０１１年から毎年、全国各地で開かれています。小田原市で始まった地域単位の「ＲＵＮ伴＋《プラス》」では、小学生や市民にも参加を呼びかけ、認知症の人たちのソフトボール大会「全日本認知症ソフトボール大会（Ｄシリーズ）」が、静岡県富士宮市では、開かれるようになっています。

図書館でも「認知症当事者の本」コーナーや、認知症の本のコーナーを設置するところが増えてきました。１４４ページでふれたように、「認知症カフェ」も全国で６０００か所以上に。認知症に関する知識と理解を深め、自分ができる範囲で認知症の人や家族に手助けをする人を地域で増やしていくための「認知症サポーター養成講座」も全国で開かれ、受講した人は小学生からコンビニエンスストアの店員まで１０００万人を超えているといわれます。

「認知症になっても大丈夫」と言える社会は、少しずつ近づいているようです。認知症になった人もまだならない人も、長い人生をともに歩める社会を一緒につくっていけたらいいですね。

認知症と成年後見制度

認知症になったとき、生活面で困ることのひとつはお金の管理です。「アポ電強盗」などの詐欺被害を高齢者が受けやすいのは、タンス預金も含め、多額の現金を家に置いている人がいるからでしょう。高齢者が必要以上の現金を一度に銀行から引き出し、家に置いているのは、お金の管理が難しくなっているからなのかもしれません。

介護なんてまだ先のことと思っていた50代の私に、近所に住む年上の友人の介護が飛び込んできたのは15年前のことです。最初は「高齢期うつ」を疑い、知り合いから紹介された精神科のカウンセリング・クリニックに、渋る彼女を連れていきました。クリニックに一緒に通院するうちに、担当医が「彼女はどうもうつではないようだ」と言い出し、近所の大学病院を紹介してくれました。下った診断はアルツハイマー病でした。

友人がひとり暮らしだったため、クリニックの担当医が役所に連絡し、民生委員や区のケースワーカーが彼女の家を次々と訪問するようになりました。そのたびに「ちょっと来て立ち会ってくれない？」と電話が来ます。近所とあって出かけると、「よくわかんないから、あなた話して」と言われ、とうとう介護保険の申請も私がすることになりました。

そんなころ、付き添って通院していた精神科クリニックの担当医から、「彼女には、後見人が必要です」と言われました。お金の管理が近い将来できなくなるだろうというのです。「成年後見制度」という言葉を聞いたのは、そのときが初めてでした。

2つの成年後見制度

そこでインターネットを使って調べました。15年以上前のことですから、いまのように豊富な情報はありません。しかし、成年後見制度は介護保険と同じ2000年に始まった制度で、認知症や知的障害などでお金の管理ができないときや、障害のある子どもをもつ両親が自分たちの死後の子どもの生活を託すときなどに、利用する制度だということがわかりました。

成年後見制度には「法定後見」と、「任意後見」の2種類があります。「法定後見」は後見を受ける人の判断がすでに衰えている場合、「任意後見」は、後見を受ける人がまだ判断力のあるときにあらかじめ自分で後見人を選び、「そのときになったらお願い」と、契約を結んでおくものです。

法定後見はすでに判断力がなくなった人が対象で、判断能力があるほうから、▽補助、自分の財産を管理・処分するのに、援助が必要な場合がある、▽保佐、自分の財産を管理・処分するのに、常に援助が必要、▽後見、自分の財産を管理・処分することができない――の3種類があります。それに沿って家庭裁判所に申し立てますが、後見人を最終的に決めるのは裁判所です。

任意後見は法定後見と異なり、認知症になる前に自分自身で後見を依頼する人を決め、公証役場で契約書を交わして契約をします。後見人を選ぶのは本人です。後見の仕事が実際に始まるのは、本人が認知症になって後見が必要になり、申し立てをして家庭裁判所に後見監督人を選んでもらってからとなります。

日本の人口（1億2700万人）の4分の3程度の人口のドイツ（8200万人）では、130万人が成年後見制度を利用している、といわれています。しかし、500万人を超す認知症の人がいるといわれる日本では、法定後見の利用者が約20万7000万人、任意後見は2500人で、同制度の利用者は合わせて約21万人しかいません。

本人の判断力で決まる法定後見の段階

後見人の仕事は、大きく分けて「財産管理」と「身上監護」に分かれます。これは法定後見でも任意後見でも、基本的には変わりません。財産管理というのはお金の管理です。具体的には、印鑑や貯金通帳、有価証券などを預かり、年金の受け取り、公共料金や税金の支払いなど、日常生活に必要な金銭の管理や不動産の管理もします。

身上監護とされるのは、有料老人ホームの入居契約、介護施設の利用契約や各種手続き、介護保険サービスの手配などに加え、本人の安否確認、健康状態の観察、生活状態の変化などの見守りも行います。ただし、介護や看病は含まれません。

法定後見では必要な書類を集め、医師の診断をもとに「補助」「保佐」「後見」のいずれかと、後見人の候補者を決めて家庭裁判所に申し立てをします。法定後見の保佐の一部と後見では、医師による「鑑定」が、申し立て後、再度行われます。裁判所の調査や鑑定などを経て審判が下り、通知を受ければ2週間後から利用することができます。

法定後見の申し立てができるのは、本人、配偶者、4親等までの親族、成年後見人などです。4親等というのは、兄弟姉妹とその子ども（甥・姪）、やしゃごまで含まれますが、実際にはいちばん多いのは本人の子どもで、全体の3割を占めています。身寄りがなく申し立てができない場合は市区町村長が申し立てをします。

後見人の候補者は、申立書に記載された候補者が必ず選任されるとは限りません。成年後見に詳しい弁護士、司法書士、社会福祉士などに頼むこともできます。この制度が始まったときは、後見人のほとんどが親族でした。しかし、2018年のデータを見ると、親族は3割、残りの7割が弁護士、司法書士、社会福祉士などで、親族以外が年々増えています。

以前は10万円以上かかった精神鑑定も、最近では補助、保佐では免除されることが多く、いちばん重い「後見」での精神鑑定にかかるお金も5万円以下で済むことが多くなってきました。申し立てが簡単にできるようになったいっぽうで、後見監督人が不要となっていた法定後見では、「使い込み」などの不祥事を避けるため、最近では家庭裁判所が後見監督人をつけることが増えています。ちなみに、成年後見の申し立ての動機でもっとも多いのは「預貯金等の管理・解約ができなくなった」というものです。

本人が自分で契約する任意後見制度

任意後見は法定後見とはまったく異なり、まだ認知症になっていない本人と、本人が選んだ後見人との契約で、公証役場で公正証書をつくって契約します。

任意後見の契約をするときには、本人の日常の変化を見守る「見守り契約」や、本人にお金の管理ができなくなったら代わりにすることができる「財産管理契約」などの委任代理契約を必要

《２つの成年後見制度》

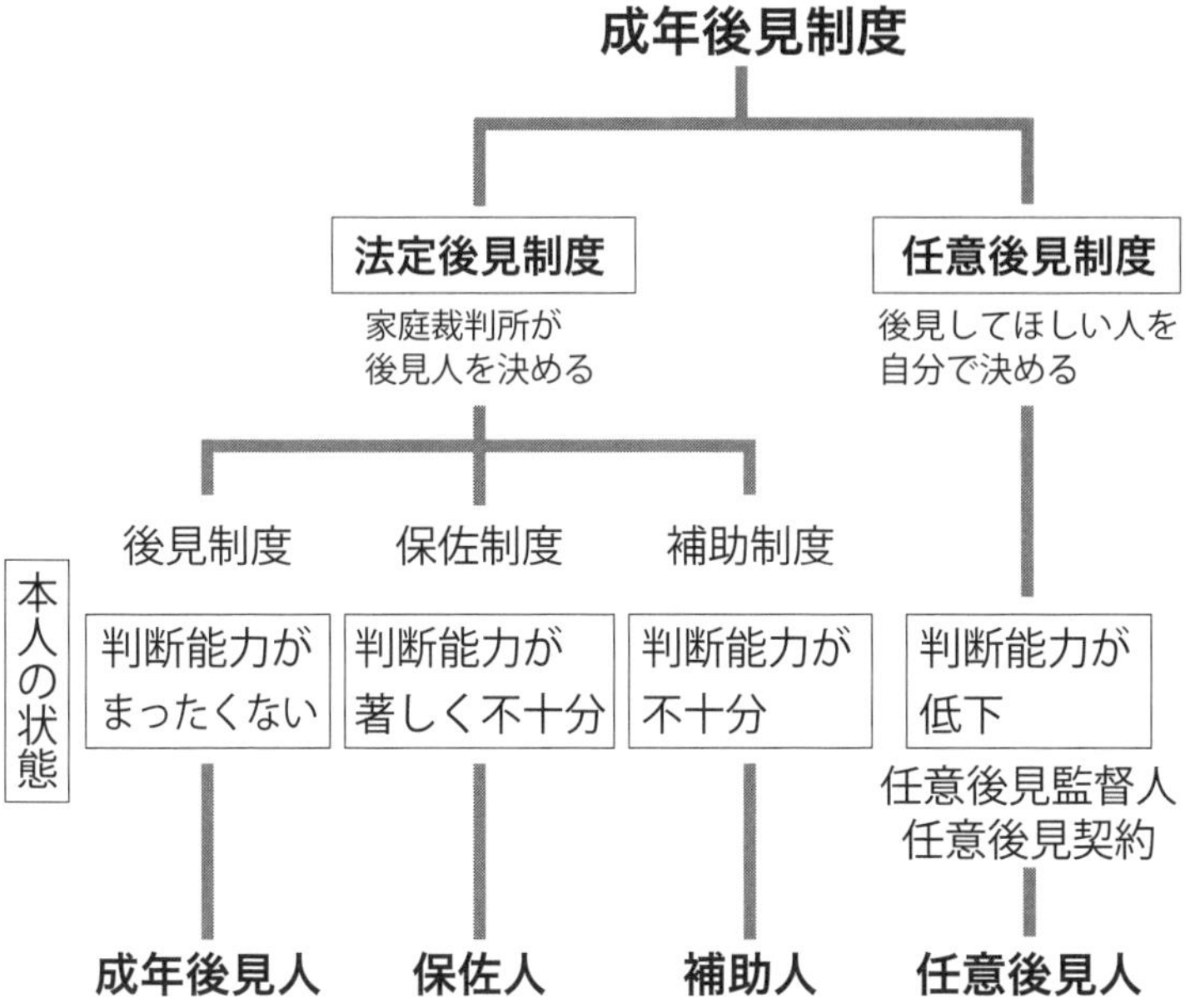
成年後見制度
法定後見制度
家庭裁判所が
後見人を決める
任意後見制度
後見してほしい人を
自分で決める
後見制度
保佐制度
補助制度
本人の状態
判断能力が
まったくない
判断能力が
著しく不十分
判断能力が
不十分
判断能力が
低下
任意後見監督人
任意後見契約
成年後見人
保佐人
補助人
任意後見人

に応じて結びますが、後見人の仕事が実際に始まるのは、「任意後見監督人」を家庭裁判所に申し立て、それが受理されてからです。

任意後見は、ひとり暮らしや身近に頼れる人がいない人に適した後見だといわれます。私の友人は当初、法定後見を専門家に頼むつもりでしたが、本人が納得しなかったことで、やむなく私が任意後見の契約を結ぶことになりました。

任意後見の場合の3点セットは、①任意後見契約、②委任契約、③遺言書とされます。任意後見には3つの方法があり、本来の任意後見契約の形は「将来型」で、契約の時点では判断能力に問題がない人が、将来、判断能力が低下したときのことを想定して結び、判断能力が低下した時点で後見監督人が選任され、任意後見の仕事を開始します。

しかし、実際には認知症をすでに発症している場合もあります。そこで、任意後見人契約を結ぶ時点で財産管理などを委託し、判断能力が低下したら、監督人の監督のもとで引き続き後見人として、受任者に財産管理などをしてもらう、というのが「移行型」です。

さらに、すでに判断能力の衰えが見られ、軽度の認知症や知的障害・精神障害等の状況にある人には「即効型」が勧められています。これは任意後見の契約後、直ちに任意後見監督人の選任をし、後見業務をスタートする、というものです。任意後見は「判断力のある人」向けの制度ですが、実際にはグレーゾーンでも契約を認められる場合があります。判断は公証役場の「公証人」が行いますので、公証人と相談してみるといいでしょう。

家庭裁判所のサイトには、申し立てに必要な書類や、後見の申し立ての仕方が記入例を含めて詳しく掲載されています。書式のダウンロードもできますので、これをもとに書類の作成と必要な書類を集め、わからないところについては家庭裁判所に電話で問い合わせれば、親切に教えてくれます。

後見人の仕事は毎月の収支と残高証明を作成して報告することと、本人の様子を後見監督人に知らせることで、監督人はそれをチェックして裁判所に提出し、必要に応じて裁判所と相談します。後見監督人への報告は当初は毎月ですが、しばらくたつと3か月に1度、半年に1度となります。

後見監督人が選任され、任意後見が正式に始まってから6年後、友人は認知症グループホームに移りました。認知症の診断を受けてから15年。いろんなことがありましたが、要介護度はいまだに4で、パンツ型おむつをつけるようになったものの、日中はまだ自分でトイレに行っています。

この本をお読みの方のなかにも介護中の人がいらっしゃると思います。どうぞ、ご自分だけで介護を背負《しょ》い込まず、「助けて」と言ってください。私は後見業務についてもいろんな失敗をしましたが、そのたびにSOSを出して相談に乗ってもらいました。後見業務は決して楽ではありませんが、後見人がいることで、友人はいまでも自分らしい生活を送ることができています。そういう支援が認知症の人には必要です。

任意後見のいいところは、裁判所が後見監督人をつけてくれることです。やってみて、これは後見をする側にとってとても安心できるシステムだと思いました。

成年後見制度のいま

２０１６年に「成年後見制度利用促進法」という議員立法が成立しました。これは市民後見人など、後見の担い手の育成を促したり、あとを絶たない親族の横領を防ぐため、監督体制を強化するなどして、成年後見制度の利用を促進していこう、というものです。

この法律ができたことで、これまで後見人には認められなかった郵便物の開封や、後見している人が死亡したあとの手続き代行については、民法の一部改正で行えるようになりました。ただ、手術や輸血などに関する「医療同意」は、後見される本人や家族、支援団体から「自己決定権が侵害される恐れがある」という反対があるため、今後の課題としています。

ここでいちばん気になる後見人の報酬ですが、基本的には本人の財産によって家庭裁判所が決定します。後見人の報酬は任意後見も、法定後見も、管理財産額が５０００万円以下の場合は、月額2万～4万円。不動産売却があった場合はその付加報酬というのが目安です。後見監督人の報酬は月1万円程度が基本で、不動産の売買などがあった場合は、付加報酬がつきます。

任意後見では、後見が始まる前に電話や訪問をして、認知症になっていないかどうかを確かめる「見守り契約」や、実際にお金の出し入れを管理する「財産管理の代理契約」などを結んだ場合は、別途にお金がかかります。

２０１９年3月、それまで「なるべく専門職資格者（司法書士・弁護士・社会福祉士など）を成年後見人に選ぶべき」としていた最高裁判所が、従来の方針を変更し「成年後見人は親族が望ましい」としました。理由は専門職資格者の「報酬・経費」です。成年後見制度は原則的には本人が死亡するまで続くため、本人が長生きをすればするほど報酬額はかさみます。今回の最高裁の方針変更は、金額的な負担の大きさが成年後見制度の利用を阻んでいることを考慮したものと思われます。

いっぽう、厚労省の諮問機関の「成年後見制度利用促進専門家会議」では、今後は本人のことをよく理解している親族後見人が、ときには専門職のサポートを受けながら積極的に選任されるのが望ましいという方針が示されています。後見人になるのがふさわしい身近な親族などがいる家族には朗報といえるでしょう。

「家族信託」という財産管理も

成年後見制度は家庭裁判所への定期的な報告義務があり、専門家への費用がかさむため、「使いにくい」とされています。そのいっぽうで関心を集めているのが「家族信託」です。信託法が10年前に改正され、民事信託が使いやすくなったことで出てきたもので、家族間で信託を行うことが多いため「家族信託」と呼ばれています。

認知症になったときの最大の問題は、資産が凍結されてしまうことです。しかし、本人が元気なうちに「家族信託」の契約を子どもなどと結んで財産管理を託しておけば、判断力がなくなったときに、子どもが親の家や不動産を売って施設の入居資金をつくったり、定期預金を解約することなどができます。

　家族信託では借金以外の財産はすべて信託でき、財産の一部だけを信託することもできます。成年後見制度では後見人が本人のお金を使う用途は厳しく管理されていて、家の売却も家庭裁判所が許可を出さないとできませんが、家族信託は契約に基づき柔軟に財産の管理や処分ができ、「遺言」と同等の機能や、遺言ではできない資産継承も指定できます。

　しかし、いいことずくめに見えますが、税金の軽減にはつながりませんし、資産が多いと確定申告の手間が増すケースが多く、家族関係によっては「争族」につながりやすいこと、さらに素人では手続きが難しいので、専門家のサポートが必要なのに、家族信託に精通した専門家が少ないといった弱点もあります。専門家への相談料も30万〜80万円以上と高額です。

　成年後見制度と家族信託について講座を催したとき、会場から「自分で手続きできないのか」という質問が出ました。しかし、講師をお願いした司法書士の村山澄江さんは、「インターネットから書式をダウンロードすることもできますが、実際にはさまざまな間違いを起こしやすいので、おすすめしません」と答えていました。

　では、財産管理対策には、どれがいいのかというと、やはり財産状態と家族関係によってケースバイケース。村山さんによると、現在、判断力のある人には「任意後見」か「家族信託」。すでに判断力のない人には「法定後見」しかないとのこと。その意味でも、財産管理の準備は「判断力のあるうちに」ということになります。

ちょっとした判断力不足なら、社協の権利擁護事業の利用を

日々の暮らしに不安が出てきたら、社会福祉協議会（社協）の福祉サービス「日常生活自立支援事業」を利用することもできます。

認知症や知的障害、精神障害などで、判断力が不十分になった高齢者の生活上の手続きや、財産管理などの本人の自己決定を尊重する「権利擁護」には、市区町村も力を入れるようになっています。社協では、「地域福祉権利擁護事業」として、福祉サービスの利用援助や、金銭・書類の管理の支援を行う「日常生活自立支援事業」と、「成年後見制度利用支援事業」を行っています。

市区町村によっていろんな名前がついている社協の「日常生活自立支援事業」を利用できるのは、「判断力は不十分だが、契約をするだけの判断能力は残っている人」です。介護保険サービスなどの契約をするときに、自分ひとりで判断するには不安がある人、預貯金の出し入れや公共料金の支払いが不安な人も利用できます。障害者手帳がない人、施設に入居している人や病院に入院している人も利用できます。

「日常生活自立支援事業」では、介護をはじめとする福祉サービス利用の手続き、年金や福祉手当をもらうのに必要な手続き、税金や公共料金、医療費、家賃などの支払い、日常生活に必要なお金の出し入れ、預貯金の通帳、証書など大切な書類の保管をしてくれます。

相談や契約は無料ですが、直接の援助（頻度は利用者の希望や状態によってさまざま）は有料です。利用料は市区町村によって異なりますが、福祉サービス利用だけの代行、助言の場合は

（福祉サービス利用援助）1時間1000円程度、通帳を預かって、生活費の払い出しをする場合は（日常的金銭管理）1時間2500円程度です。

ただし、この「日常生活自立支援事業」では、介護保険サービスの利用や、病院の入院契約、施設への入退所契約、消費者被害の取り消しについては手続きを支援しますが、代理ではやってくれません。また、本人の代理で新しい住居を見つけることはできないなど、代わりにやってもらえないことが多いのが弱点です。

市区町村や社協には「成年後見制度利用支援事業」もあります。ここでは電話や窓口での、相談員による成年後見制度についての相談、弁護士による無料の法律相談のほか、自分で成年後見人を探すのが難しい人には、弁護士・司法書士・社会福祉士など後見人候補者の情報提供をしてくれます。家族・親族の支援を受けられない人は、日常生活自立支援事業からかかわっていくのも、ひとつの方法です。

●全国社会福祉協議会　ここが知りたい日常生活自立支援事業　なるほど質問箱
https://www.shakyo.or.jp/news/kako/materials/100517/nshien_1.pdf

おひとりさまの身元保証

高齢ひとり暮らし世帯数は現在、高齢者の2割程度ですが、２０４０年には全国平均で4割、東京近郊では45％超の高齢者がおひとりさまになる、と推計されています。ここで大きな問題になっているのが「身元保証」。身元保証は家族や親族がいることを前提にした習慣ですが、その前提がない人はどうしたらいいのでしょうか。この習慣を変えていくことが、これからの社会の大きな課題になっています。

「身元保証」は本当に必要なのか

身元保証を求められることが多いのは、住居、介護施設、病院の3か所です。住居では賃貸契約に関する保証、家賃滞納時の支払い保証や損害賠償、死亡時の家財整理や明け渡しをする人として身元保証人が求められます。介護施設では入居時、施設費滞納時の支払い、緊急時の対応・死亡時の手続きを保証する人、病院では入院時の保証、手術・治療に対する同意、医療費滞納時の支払い、死亡時の手続きをする人として、身元保証人が求められます。

厚労省の研究班が１３００施設の医療機関から回答を得た調査（２０１７年）では、「身元保証人を求める」が65％にのぼりました。保証人を求める医療機関のうち約8％は、保証人がいないと「入院を認めない」としています。介護施設を対象にした別の調査でも、回答した約２４０0施設のうち95％が「入所時に本人以外の署名を求める」と答えています。

こうした現状に、内閣府消費者委員会は同年、身元保証人がいないことを理由に入院・入所を拒むのは不適切とする意見を出しました。これを受けた厚労省は、医療機関や介護施設に改善を指導するよう都道府県に通知しましたが、行政の対応は鈍く、相談を受けても民間の身元保証サービス事業者を紹介することが多いといわれています。

「成年後見センターリーガルサポート」が、２０１４年に全国６０３か所の病院・施設に行ったアンケートでも、９割以上が身元保証人を求めると回答していましたが、保証人がどうしても見つからない場合はどうしたらいいのかという質問に、６割の病院・介護施設が「成年後見人に保証を求める」と答えています。しかし、後見が始まるのは本人の判断能力がなくなってからで、そもそも後見人の仕事には身元保証は含まれていません。

病院や施設が「身元保証」を求めるのは、「お金の取りっぱぐれ」を防ぐためと、本人が死んだときの遺体の引き取り先を確保するためです。それについては、預託金（保証金）や医療の事前指示書、死んだ場合の引き取り人を用意すればいいことでしょう。

急性期病院の課長職に「身元保証人がいない場合、どうしていますか？」と聞いてみると、答えは「どうしてもいない場合は、医療相談室のＭＳＷ（メディカルソーシャルワーカー）に相談してください」でした。

厚労省の調査では、保証人を求める医療機関のうち、「保証人がいないと入院を認めない」としているところは、前述のように8％です。このデータを逆から読めば、「保証人を求める」と答えたうちの9割の病院には、「なんらかの抜け道がある」ということです。先ほどの病院関係者の答えにもあったように、病院にはメディカルソーシャルワーカーという社会福祉士がいて、さまざまな相談に乗っています。この人たちの力を借りない手はありません。

病院で死んでしまった場合はどうなるかというと、先ほどの病院関係者は「救急搬送でそのまま死亡した場合は、行政に遺体を引き取ってもらいます」と言っていました。誰も引き取り手がいない場合の手続きについては、「墓地、埋葬等に関する法律第9条」で決まっています。

1．死体の埋葬又は火葬を行う者がないとき又は判明しないときは、死亡地の市町村長が、これを行わなければならない。

2．前項の規定により埋葬又は火葬を行ったときは、その費用に関しては、行旅病人及び行旅死亡人取扱法（明治32年法律第93号）の規定を準用する。

「行旅病人及行旅死亡人取扱法」というのは、「住所、居所もしくは氏名が知れず、かつ、引き取る者がいない死亡人は行旅死亡人とみなす」というものです。

広がる身元保証ビジネス

法律上、後見人は身元保証人になることはできませんが、現実的には非常にグレーで、「成年後見人」という肩書での署名で足りるとする施設・病院は少なくありません。そんなふうに、「身元保証人」にはいろんな抜け道や対処法があるのですが、多くの人は「身元保証人は必要なもの」と思っています。そこに登場するのが身元保証ビジネスです。

身元保証サービスを行う事業所は、全国で100団体以上あるといわれ、多くは入居身元保証、入院身元保証、介護保険サービスなどの保証人、日常の生活支援、金銭管理、そして葬儀や埋葬を含めたエンディングサポートの6つを組み合わせています。いくつものサービスを組み合わせているので、弁護士、司法書士、税理士、行政書士、ケアマネジャー、ヘルパーといった専門職が入っているところも少なくありません。

高齢者から集めた多額の預託金を使い込み、破産したことで知られる日本ライフ協会は、そんなサービスを提供する大手のひとつでした。同協会の料金設定は入会金24万円、会費の終身一括払い36万円、身元保証料36万円、葬儀の費用30万円など、初期の一括払いが165万円で、入院・入所時の保証人代行をします。それに加えて「暮らしのサポート」という生活支援（見守り、話し相手、掃除などの家事、銀行や病院、お墓参りの付き添い、入院中の生活支援など）の料金が別立てで、「実費」として1時間4000円程度かかります。これがなかなかバカになりませんがこの程度の料金設定をしているところは、実は珍しくありません。

身元保証サービスの利用者の多くは、情報を集めたり判断したりするのが苦手な高齢者です。少し考えれば、なにもすべてを任せるようなサービスを受けなくてもいいだろうと思うのですが、相談先がないため、危機感にかられて契約してしまいます。

なかには料金的にも支援の内容も良心的なところもありますが、評判の悪くないところがトラブルを起こさないとは限りません。事業の質を確保するためには、国や自治体が関与する必要がありますし、身元保証問題で苦しむ高齢者を手助けするシステムも必要です。事業者が行政にサービス内容や財務状況を届け出て、それを一般の人が閲覧できる仕組みや、第三者評価制度をつくるのも、ひとつの方法です。

求められる公的な支援制度

まだまだほんの一部ですが、社協などの公的な機関が、身元保証を支援する例も出てきました。東京都足立区の社協では2005年から、「高齢あんしん生活支援事業」という病院や施設に入る際の身元保証を行っています。

足立区の場合、利用できるのはひとり暮らしの65歳以上。「支援可能な親族がいない」「資産が3000万円以下」などの条件で、利用する場合は3か月分の入院・入居費用、葬儀・火葬費など52万円の預託金と、年会費2400円を支払います。費用は民間よりも相当安く、担当職員が緊急時に備えて自宅の鍵を預かり、携帯電話を当番制で持つほか、毎月、利用者に電話して体調などに変化がないかを確認し、成年後見制度の利用や生活保護受給の手続きも支援します。利用者が入院すれば、日用品を届けたりもします。

支援の必要な人はたくさんいるけれど、人員と財源の確保が大変とのことで、足立区での利用者は10年間で55人とわずか。とはいえ、福祉の隙間を埋めるのが役割の社協が、日常生活自立支援事業や成年後見制度などと組み合わせ、高齢者のセーフティネットとして仕組みをつくることができれば、高齢者にとっても病院や施設にとっても安心になるはずです。

同じような支援は三重県の伊賀市、東京都調布市の社協も行っています。また、東京都府中市の社協では市の補助を受け、身寄りのない高齢者が民間の賃貸住宅に入居する際に無料で保証人となり、家賃の滞納があれば、３か月分の家賃を社協が払う制度があります。

福岡市社協では身元保証はしませんが、定期的な「見守り」訪問、葬儀や埋葬、死後事務処理などを預託金50万円で引き受けています。熊本市社協は民間賃貸住宅の保証人に。愛知県半田市では、保証人がいなくても適切な医療と介護を受けられるためのガイドラインをつくり、病院や施設に「保証人に頼らない地域づくり」を呼びかけるとともに、「身元保証代行団体を利用する場合に気をつけること」を同ガイドラインに盛り込んでいます。

厚労省では２０１８年8月に「市町村や地域包括支援センターにおける身元保証等高齢者サポート事業に関する相談への対応について」という通知を出し、身元保証ビジネスに対する注意点をパンフレットにまとめています。

●厚労省　市町村や地域包括支援センターにおける身元保証等高齢者サポート事業に関する

相談への対応について
https://www.ajha.or.jp/topics/admininfo/pdf/2018/180903_1.pdf

認知症と保険

生命保険文化センターの全国実態調査（２０１８年）によると、個人年金保険を含む生命保険と民間医療保険の世帯加入率は９割近く。年間払い込み保険料は１世帯平均約38万円となっています。保険業界は長寿時代を反映し「死亡保険」から「生き続ける保険」へとシフトしていますが、その代表格が「認知症保険」です。

増える認知症保険

「認知症保険」は２０１６年に太陽生命保険、次いで朝日生命保険が売り出したところ、60代以上から大きな反響がありました。「認知症保険」が生まれるきっかけになったのは、愛知県大府市のＪＲ東海道線共和駅の線路に認知症の男性が立ち入り、電車にはねられて死亡した事故。ＪＲ

が介護する家族に720万円の支払いを求める裁判を起こし、全額支払いを命じられた一審、半額となった二審、そして逆転判決が出た最高裁と、8年間にわたる裁判は大きな話題になりました。

認知症保険で当初出てきたのは、認知症になったときに一時金や年金がもらえる「治療型」(生命保険会社)と、認知症の人が第三者に損害を与えた際、お金が支払われる「損害補償型」(損害補償保険会社)でした。これに加えて軽度認知障害(MCI)になったら一時金や年金を支給するなど、「予防」に着目した先行会社の新商品が登場し始めました。

2018年には第一生命保険が大手生命保険会社として初めて「認知症保険」を発売しました。そこでは目の動きだけで認知機能をチェックできるというスマートフォンアプリを組み合わせ、4か月で10万件という契約を獲得しています。今後は予防プログラムや診断支援といったサービスを合わせて提供する商品が、さらに増えてくるでしょう。

認知症は進行を予測するのが難しい障害なので、どれだけお金がかかるかわからないと不安をもつ人は多いと思います。そのときに備え、保険に入っておいたほうがいいと考える気持ちはわからないことはありません。

しかし、50代、60代からの保険料は決して安くない金額です。第3章でもお伝えしたように、日本には公的医療・介護保険がありますし、高額療養費制度などの助成制度も利用できます。

さらに、民間の介護保険には認知症に対する補償も組み込まれています。また、自動車保険や火災保険、クレジットカードでは、年間1000〜2000円を支払えば、個人賠償責任保険を特約でつけることができ、三井住友海上火災保険とあいおいニッセイ同和損害保険では、認知症の人が電車を止めてしまった場合の補償もカバーしていますので、「認知症保険」に入る前に、加入している保険をチェックしてみましょう。

保険のすべてに通じることですが、補償が手厚ければ手厚いほど保険料は割高になります。数十年にわたって保険料を払う代わりに、貯蓄するという方法もあります。「認知症保険」に関しても、メリットとデメリットをよく検討していただきたいと思います。

行政が認知症の人の事故を救済する「神戸モデル」

認知症の人が事故を起こし、家族が賠償責任を問われたときに、役所が代わって賠償する民間保険に加入する自治体が増えてきました。

最高裁での「認知症鉄道事故裁判」が結審した２０１６年の翌年、神奈川県大和市が全国で初めて認知症の人が起こした事故に備え、民間保険への加入費用を自治体で負担する取り組みを始めました。事故の現場となった愛知県大府市がそれに続き、その後も神奈川県海老名市、愛知県みよし市、岐阜県本巣市と高山市などにも広がり、東京都内では中野区と葛飾区が２０１９年４月から導入しています。

兵庫県神戸市ではそれをもう一歩進めた、認知症「神戸モデル」を２０１９年1月からスタートしました。自己負担ゼロで65歳以上の市民に認知症の検診、認知機能の精密検査を促す「診断助成制度」と、そこで認知症と診断された人の民間保険への保険料を負担する「事故救済制度」を組み合わせた全国で初めての公的補償。しかも、その財源は市民への増税（市民税に年間400円を上乗せ。非課税、生活保護世帯を除く）というユニークさです。

「認知症だけに税金を使うのか」という批判もありましたが、市民の意見はおおむね肯定的で、議会はこれらを盛り込んだ「神戸市　認知症の人にやさしいまちづくり条例」を施行しました。目的をきちんと決めたわずかな増税なら納得する人も多いでしょう。見守りや行方不明者発見訓練、居場所づくりなどを通した「認知症にやさしいまちづくり」は全国に広がっていますが、こうした視点からのアプローチもひとつの方法だと思います。

人生100年時代の「自己決定」

人生の最後をどう生き、どう死ぬかを、本人が事前に家族や医療関係者と話し合う「アドバンス・ケア・プランニング（ACP）」。2018年11月、厚労省は、この愛称を「人生会議」にすると発表しました。

愛称の是非はさておき、「人生の最終段階のケア」について、本人が元気なうちに家族と話し合うことは大切です。とはいえ、厚労省が実施した意識調査（2017年）では、人生の最後にどういう医療を受けたいかを家族と話し合ったことがある人は4割、話し合っていない人が6割近くもいました。「事前指示書」の考え方に賛成する人は7割近くいましたが、実際に書いている人は一般の人で8％、医師では6％でした。

たとえ本人が自宅で看取りを受けたい、延命治療はいらないと言っていても、いざとなると家族は揺れます。「なぜ病院に入れないのか」「餓死させるのか！」と、めったに見舞いにも来ないきょうだいや親戚に非難され、泣く泣く病院へ入院させて看取ったけれど、あとで悔やんだという人の話はいまでもよく聞きます。そうした混乱を生まないためにも、自分の意思を、家族や主治医に伝えておきたいものです。希望者に事前指示書を配布する病院や医師会も増えてきました。

人生の最終段階どころか、明日、事故に遭って意識不明になるかもしれませんし、知らないうちに認知症が進んで、自分の意思が告げられなくなるかもしれません。自分らしい最期の日々をと考えるのであれば、元気なうちに少なくともご家族と話し合うくらいはしておきたいものです。私がおすすめしているのは家族が集まるお盆やお正月。元気なうちでしたら笑いながらそんな話もできます。

「ACP（人生会議）」「事前指示」「リビングウィル」というのは、いずれも自分自身が意思表示できない状態になったときに、自分が受ける医療やケアに対する選択を伝えるものです。事前指示やリビングウィルは本人だけでも決められますが、ACPは本人・家族などと医療・介護職が、最期の日々に向かって話し合っていくもので、本人の価値観や選択に沿った医療や介護を専門家とともに選んでいくこととされています。

しかし、日本のACPについては、認知症の人など「本人が決められない」場合の医療の解決策として、医療者が家族を誘導する危険性を指摘する声もあがっています。法律と倫理に裏打ちされた欧米のACPでは、「本人の意思」が最重視されますが、そこまで踏み込めなかった日本では、本人の価値観や希望を考えないまま、おざなりの「話し合い」で「人生の最期」が決められてしまうことが起こるのではないかという危惧です。「認知症の人には意思がない」という医療者の思い込みも、まだまだあるのが現状です。

厚労省の「人生の最終段階における医療・ケアの決定プロセスに関するガイドライン」の改訂で、検討会の一員として参加した紅谷浩之医師は、「人は迷いのなかで選択を繰り返しながら生きています。決めなくてもいいので、あなたのことを知っている人たちとたくさん話しながら、迷いながら進んでいく。結論ではなく過程が大切なのです」と言っています。認知症になっても、人生は続いていきます。そんな未来への想像力を鍛えながら、自分の「しまい方」を決めていきたいものです。

読者の皆さんは、いまは「元気中年」「元気老人」ですが、やがては「病気老人」「要介護老人」、はたまた介護家族になっていきます。「中途障害」という言葉がありますが、生まれる前の障害から、病気やケガによって人生の途中で見舞われた障害、そして認知症や年を取ることで生じる障害、さらに生活が困窮するという障害……。誰でも障害をもつ可能性があります。

ケアというのは医療や介護だけのことではありません。子どもたちが安心して生まれ、障害や病気をもっていても認知症になっても安心して暮らし、おひとりさまになっても安心して死ねるまち……。そうしたケアのあるまちをつくることが、これからの社会の大きな課題です。「人生100年時代」を生きる私たちにとって、課題、難題はこれからも増えてきます。格差社会もますます広がっていくでしょう。しかし、政府や自治体が私たちの生き方やケアのあり方を決めるのではなく、「自分自身で決める」小さな努力をひとり一人が積み重ねていくことで、未来が見えてくるのではないかと思います。

認知症当事者の書いた本と参考資料

『私は誰になっていくの？　アルツハイマー病者からみた世界』　クリスティーン・ボーデン
（クリエイツかもがわ　2160円　2003年）

46歳でアルツハイマー型認知症と診断されたオーストラリアのキャリアウーマンが、世界で初めて明らかにした認知症の人の世界。筆者はその後、『私は私になっていく』『扉を開く人』（2012年）『私の記憶が確かなうちに』（2017年、以上クリエイツかもがわ）を出版。最近作は『認知症とともに生きる私　「絶望」を「希望」に変えた20年』（2017年　大月書店）。

『ぼくが前を向いて歩く理由――事件、ピック病を超えて、いまを生きる』　中村成信
（中央法規出版　1728円　2011年）

茅ヶ崎市職員時代の2006年、スーパーで万引きしたとして現行犯逮捕。免職、その後、前頭側頭型認知症（ピック病）と診断され、3年2か月の闘いを経て免職処分が撤回されました。偏見と苦悩を超え、筆者は講演やフェイスブックでいまも語り続けています。

『認知症になった私が伝えたいこと』　佐藤雅彦
（大月書店　1728円　2014年）

51歳で若年性アルツハイマー型認知症の診断を受けたシステムエンジニアが、日常生活の困難があっても、知恵と工夫でひとり暮らしを続け、人生をあきらめないことを訴えます。201

6年には『認知症の私からあなたへ』を出版。認知症当事者の会「3つの会」代表。フェイスブックで毎日発信中。

『私の脳で起こったこと――レビー小体型認知症からの復活』　樋口直美

（ブックマン社　1512円　2015年）

41歳でうつ病と診断され、50歳でレビー小体型認知症と診断された筆者の闘病の記録。誤診されやすく、処方薬で悪化する可能性のあるレビー小体型認知症の実態を通して、「認知症を生きる」ことの意味を問いかけています。日本医学ジャーナリスト協会賞優秀賞受賞。医学書院のウェブマガジンで『誤作動する脳　レビー小体病の当事者研究』を連載中。

『丹野智文　笑顔で生きる』　丹野智文

（文藝春秋　1566円　2017年）

39歳で若年性アルツハイマー型認知症と診断された車販売のトップ営業マン。「仕事を続けたい」と社長に伝え、家族や仲間に支えられながら笑顔で仕事を続けている姿は、全国の認知症の人とその家族を勇気づけています。認知症当事者同士の相談窓口「おれんじドア」代表。

『認知症になってもだいじょうぶ！　そんな世界を創っていこうよ』　藤田和子

（徳間書店　1728円　2017年）

認知症の義母を介護してきた看護師が、自らも45歳でアルツハイマー型認知症に。絶望から立ち上がり、母として家事を切り盛り、友達との時間を楽しみながら、フェイスブックを通じて日ごろの思いを発信してきました。日本認知症本人ワーキンググループ代表理事。

『認知症の私は「記憶より記録」』大城勝史　（沖縄タイムス社　1620円　2017年）
40歳で認知症と診断された3人の娘の父。父の病気を学校で言えない娘たちに、自分と向き合うことを決意。工夫と努力で働き続ける姿を綴った。クラウドファンディングで出版。

『認知症を乗り越えて生きる――"断絶処方"と闘い、日常生活を取り戻そう』
ケイト・スワファー（クリエイツかもがわ　2376円　2017年）
看護師、オーナーシェフなどの職歴をもち、49歳で認知症の診断を受けた後、当事者による権利擁護活動を始めた。国連のWHOなどで講演。診断後、修士課程を修了、現在も博士課程で学ぶ。

『ルポ希望の人びと――ここまできた認知症の当事者発信』
生井久美子（朝日新聞出版　1620円　2017年）
認知症を長年取材してきた新聞記者がルポした、認知症の本人たちの出会いから初の当事者団体をつくるまでの軌跡。海外と日本の当事者、家族、支援者に取材。

『認知症　医療の限界、ケアの可能性』上野秀樹　（メディカ出版　1944円　2016年）
認知症について学ぶならこの1冊。病院医療の限界を感じ、訪問診療を始めた精神科医による、認知症の新しいケアと支援のあり方。国の認知症政策の問題点についても、わかりやすく解説。

『もしも』認知症介護研究・研修仙台センター編　（無料でインターネットからダウンロード）
認知症が気になるが最初の1歩が踏み出せない。そんな人に向けてつくられた絵本のような冊子。https://www.dcnet.gr.jp/support/cafe/

おわりに

経済、社会保障、暮らしに、不安の高まっている最近です。しかも、なが～い老後が続く「人生100年」の時代。100歳以上はまもなく7万人で、その9割近くは女性です。2019年3月に世界最高齢としてギネス認定を受けた116歳の福岡の女性は、「これまでいちばん楽しかった出来事は？」という報道陣の質問に「いま」と答えていました。

100歳を超えても「いまが楽しい」と言えればいいのですが、ヨロヨロの足を踏みしめ、持病の膀胱がんと共生しながら生きる、男性の平均寿命を14歳超えた95歳要介護1の父を見ていると「長生きするのも楽ではないなぁ」とつくづく感じます。

平均寿命と健康寿命のあいだにある人生の最後の約10年間は、健康に不安を抱えた「ヨロヨロ」期です。医療の進歩でなかなか死ねなくなったこの期間をできるだけ自分らしく暮らし、納得して「コロリ」と逝くまで、どう生きていくのかが問われていますが、高齢になっても元気な人が増え人生が長くなった分、その準備も心構えも追いついていないのが現状です。

「人生100年時代」に加え、私たちがこれから向かっていく社会のもうひとつのキーワードは、私がずっとテーマにしてきた「おひとりさま」の時代、つまり「家族のいない社会」です。キャッチフレーズの名手、樋口恵子さんは「ファミレス社会」と名づけていますが、「介護」が必要となったとき、頼れる子どもも孫も甥も姪もいない人、家族がいてもアテにできない人が、今後、とくに都会ではますます増えてくるでしょう。「家族」の存在を前提につくられてきた日本の制度が通用しない時代が、すでに始まっています。

介護保険が始まってから、まもなく20年。介護を家族の役割から解き放つ「介護の社会化」を目的につくられた介護保険制度も、介護の人材、とくに介護が必要な人の在宅生活を支えるヘルパーが激減していることで、その基盤が揺らいでいます。自宅での生活を望まなくても、施設や病院に入るお金がないために、自宅で暮らさざるを得ない人も増えています。

しかし、現状がそうであっても、思考停止するわけにはいきません。「介護」を受ける人は赤ちゃんから高齢者まで年齢を問わずいます。そういう意味では、納得できるケアを、納得できる負担で利用できるような仕組みを、私たち自身も考えていく必要があると思います。

今回も出版に尽力してくださった築地書館の皆さん、装丁の吉野愛さんと装画の近藤祥子さん、ありがとうございました。「サバイバル」の方法を探ることは、未来への出口を探すことでもあります。誰もが１００歳を超えたときに「いまが楽しい」と心から言える社会、認知症になってもあたりまえに暮らせる社会を、これからも目指して。

２０１９年８月

中澤まゆみ

【著者紹介】

中澤まゆみ

1949年長野県生まれ。雑誌編集者を経てライターに。人物インタビュー、ルポルタージュを書くかたわら、アジア、アフリカ、アメリカに取材。『ユリ――日系二世NYハーレムに生きる』（文藝春秋）などを出版した。その後、自らの介護体験を契機に医療・介護・福祉・高齢者問題にテーマを移し、『おひとりさまの「法律」』、『男おひとりさま術』（ともに法研）、『おひとりさまの終活――自分らしい老後と最後の準備』（三省堂）、『おひとりさまでも最期まで在宅』、『おひとりさまの終の住みか』、『おひとりさまの介護はじめ55話』（以上、築地書館）を出版。

今回は、「人生100年時代」を生き抜くために、豊富なデータと事例をもとに、本人と家族が必要な知恵と情報、地域資源を網羅した。

人生100年時代の医療・介護サバイバル
親と自分のお金・介護・認知症の不安が消える

2019年9月20日　初版発行

著者　中澤まゆみ
発行者　土井二郎
発行所　築地書館株式会社
東京都中央区築地7-4-4-201　〒104-0045
TEL 03-3542-3731　FAX 03-3541-5799
http://www.tsukiji-shokan.co.jp/
振替 00110-5-19057
印刷・製本　シナノ印刷株式会社
装丁　吉野愛
装画　近藤祥子

ISBN 978-4-8067-1587-0